CHICKSLOVEFOOD

HET 5 OR LESS-KOOKBOEK

NW A'DAM

Eerste druk september 2014
Tweede druk oktober 2014
Derde druk december 2014
Vierde druk december 2014
Vijfde druk januari 2015

Omslagontwerp en boekverzorging Sophi Deinum
Fotografie Harold Pereira
NUR 440
ISBN 978 90 468 1740 7
www.nieuwamsterdam.nl/chickslovefood
www.chickslovefood.com

Voorwoord

Nina: 'Elise, mensen vinden ons foodblog stom.'
Elise: 'Hoezo?'
Nina: 'Sommige recepten zijn te lang.'
Elise: 'Alles is toch best wel simpel?'
Nina: 'Ja, maar soms is het fijn om écht snel klaar te zijn.'
Elise: 'Dus echt met maar vijf ingrediënten of zo.'
Nina: 'Ja.'
Elise: 'Misschien een nieuwe rubriek op de website. 5 or less?'
Nina: 'JA!'

Imagine this. 18.00 uur, werkdag zit erop. Heb jij dan nog zin om langs de supermarkt te gaan met een ellenlange waslijst aan ingrediënten? Wij niet. Daarom bedachten we twee jaar geleden de 5 or less-rubriek op ons foodblog Chickslovefood.com. En yes, hier nu dan ook hét boek met 5 or less-recepten.

Dit boek staat vol met snelle, gezonde gerechten met maximaal vijf (echt!) ingrediënten. De recepten zijn eenvoudig en origineel, dat ook.

Drukke baan, huishouden, baby, studie, sporten, sociaal leven... en dan ook nog op ieder moment van de dag een lekker recept op tafel? Ja hoor, kan prima! *Believe us*, dit boek wordt je beste vriend.

Enjoy!

Liefs,
Nina & Elise

www.chickslovefood.com

Inhoud

Over ons, ons blog en dit boek

Van een idee ontstaan tijdens een borrelavondje naar een foodblog met honderd-duizenden bezoekers per maand. En nu zelfs een boek.

De chicks

Nina: 'Elise, wil jij in mijn appartement komen wonen? Er is een kamer vrij.'
Elise: 'Nee, dat kan nog even niet.'

1 maand later

Elise: 'Nien, is die kamer nog vrij?'
Nina: 'Ja.'

Nadat we elkaar hadden leren kennen op de master journalistiek, gingen we samenwonen. En that's when the magic happened. We werden niet alleen vriendinnen, we ontdekten ook elkaars gezamenlijke passie. Food. Gezond, lekker en snel te bereiden eten. Maar toch ook eens in de week zo'n dag waarop je denkt: F*ck it, ik wil chips. En koek. En pizza. Op zo'n dag, onder het genot van wijn, zoutjes en chocolade, nu drie jaar geleden, ontstond Chickslovefood.com.

Chickslovefood.com

Al snel waren we het erover eens: op ons blog komen makkelijke recepten met leuke, persoonlijke foto's en de gerechten bevatten zo weinig mogelijk kunstmatige ingrediënten. Onze website is gewoon no nonsense en duidelijk. En bevat gezonde recepten, ook dat. Behalve op zondag, dan zondigen we in onze Sinner Sunday-rubriek. Nadat we een half jaar aan het bloggen waren ontstond het 5 or less-idee. Iedere dinsdag een recept online met maximaal vijf ingrediënten, naast peper, zout en olie (dat heb je wel in huis, toch?). Het bleek een schot in de roos: wat een reacties!

Het 5 or less-kookboek

Elise: 'Nina?'
Nina: 'Ja.'
Elise: 'Ik wil een boek.'
Nina: 'Ik ook.'
Elise: 'Een 5 or less-boek.'
Nina: 'Ja, dat moet er echt komen.'

En nog voordat we konden nadenken over hoe je een boek uitbrengt, was daar ineens een mailtje van uitgeverij Nieuw Amsterdam. Onderwerp: Boek.
Aaahhhhhhh!

En hier is-ie dan. En wat zijn we er trots op. Een kookboek vol 5 or less-recepten. Met de leukste en beste recepten van de site en heel veel nieuwe toppers die je maakt met max. 5 ingrediënten naast peper, zout en olie. Heel veel heerlijke diners, net zoals op het blog, aangevuld met ontbijtjes, lunches, borrelhapjes en Sinner Sunday's.

Onze tips

Oké, de recepten zijn simpel en spreken voor zich. Eigenlijk heb je onze tips niet nodig, maar toch... hierbij zoals wij het graag doen:

Olie: bakken doen we in kokos-, zonnebloem- of olijfolie. Over de salade gaat het liefst extra vierge olijfolie.

Peper en zout: vers uit de molen.

Zo veel mogelijk biologisch, vooral dierlijke producten en groenten en fruit waarvan je de schil gebruikt.

Onze **koekenpannen** hebben altijd een goede antiaanbaklaag.

Water koken in de **waterkoker** voordat je het in de pan giet, scheelt weer tijd.

Iedere oven is anders, je kent je eigen oven het beste. Tijdens het bakken blijven wij close to the oven en passen we eventueel de temperatuur of baktijd aan.

Wij halen de meeste boodschappen bij de gewone supermarkt. Quinoa, boekweitmeel, polenta, bulgur, tempeh, tahin, hazelnootpasta, hazelnoot- en amandelmelk kun je bij sommige grote gewone supers krijgen, maar wij gaan hiervoor ook wel naar de biologische supermarkt. En eens per maand lopen we een rondje door de Chinese supermarkt voor Japanse mayonaise, udonnoedels, groenetheenoedels, edamame, gyoza- en wontonvellen.

En o ja, g staat voor gram, el voor eetlepel, tl voor theelepel, ml voor milliliter en cm voor centimeter. Maar dat had je zelf waarschijnlijk al bedacht, haha.

ONTBIJT

Van een snel yoghurtontbijtje
in een to go-potje naar uitgebreid
smullen van bananenpannenkoeken
en ontbijtsushi op zondagochtend.
En dat kan écht allemaal met
maximaal 5 ingrediënten.

We love breakfast!

YOGHURTONTBIJTJE TO GO

Elise: 'Op de dagen dat ik werk, heb ik al een dag achter me voordat ik ben begonnen. Ik ren me rot om 's ochtends mijn zoontje Samuel fris, fruitig en op tijd bij de opvang te krijgen. En dan is gezond ontbijten een hele uitdaging. Dit ontbijt in een potje biedt op zulke dagen echt een uitkomst. Ik zet het de avond van tevoren klaar, zodat ik het de volgende ochtend zo kan meenemen en kan eten wanneer het uitkomt.'

BEREIDINGSTIJD: 10 MINUTEN

MEN NEME (VOOR 2 PERSONEN):

- 200 ml yoghurt
- 1 halve mango
- 1 hand frambozen
- 3 el zonnebloempitten
- 1 el honing

EN ZO DOE JE HET:

- Doe de pitten met de honing in een koekenpan.
- Karamelliseer de pitten op middelhoog vuur, tot ze goudbruin zijn.
- Schep ze vervolgens op een bord en laat afkoelen.
- Schil de mango en maal de helft in de keukenmachine (een staafmixer werkt ook) tot een grof mengsel.
- Verdeel de yoghurt over de potjes.
- Schep daar vervolgens het mangomengsel en de frambozen bovenop. Roer dit door de yoghurt.
- Brokkel de inmiddels hard geworden gekaramelliseerde pitten in stukjes en maak het potje ermee vol.
- Deksel erop en meenemen maar.

Meer tijd?

Je kunt in plaats van 2 grote bananenpannenkoeken met deze hoeveelheden ook 8 kleintjes bakken. Staat schattig toch, zo'n stapel pancakes op tafel in het weekend?

SKINNY BANANENPANNENKOEKEN

Nina & Elise: 'Het populairste ontbijtje op ons blog, en da's niet raar. Deze pannenkoeken smaken namelijk zondig lekker, terwijl ze super healthy zijn. We maken ze vaak op zondagochtend, verse jus erbij... Mmm, laat het weekend maar beginnen.'

BEREIDINGSTIJD: 15 MINUTEN

MEN NEME (VOOR 2 PERSONEN):

- 4 eieren
- 2 bananen
- 2 el lijnzaad
- 50 g rozijnen
- 2 el kaneel

EN ZO DOE JE HET:

- Klop de eieren los in een kom.
- Prak de bananen heel fijn met een vork en schep door de geklutste eieren. Meng goed door elkaar.
- Verwarm een scheutje olie in een koekenpan op middelhoog vuur.
- Doe de helft van het mengsel in de koekenpan, verdeel over de bodem en bestrooi onmiddellijk met een el lijnzaad en de helft van de rozijnen.
- Laat de pannenkoek zo'n 4 minuten garen totdat de bovenkant bijna droog is en keer dan om, eventueel met behulp van een bord.
- Bak deze kant 2 minuten en haal uit de pan.
- Herhaal voor de tweede pannenkoek. De eerste pannenkoek kun je eventueel warm houden in de oven op de laagste stand, of door 'm even af te dekken met aluminiumfolie.
- Bestrooi de pannenkoeken met kaneel, en beleg eventueel met extra banaan.

3 X ZOET BROODBELEG

Nina: 'Zei jouw moeder vroeger ook altijd: "Eerst een gezonde boterham, dan pas een zoete"? Nou, met deze snoepsneetjes mag je best beginnen, hoor. Ze zijn stiekem best healthy.'

Rozijnenkaneel-spread

(VOOR 1 POTJE)

Week 200 g rozijnen een kwartier in warm water. Doe dan samen met 80 g gepelde walnoten, 1,5 el koekkruiden, 3 tl cacaopoeder en een scheutje van het weekwater in een blender. Dit kruidige prutje is heerlijk op een warm, geroosterd sneetje maïsbrood.

Pindakaas

(VOOR 1 POTJE)

Doe 250 g ongezouten, gebrande pinda's met een snufje zeezout en 1 el arachideolie (pindaolie) in een keukenmachine. Let's blend! Het duurt zo'n 5 minuten voordat je een smeuïge pasta hebt. Een geroosterd donker broodje erbij en smullen maar.

Chocohazelnoot-pasta

(VOOR 1 POTJE)

Meng 100 g cacaopoeder met 4 el hazelnootpasta, 140 ml honing en een scheut hazelnootmelk. Mixen maar! Schep in een potje en laat opstijven in de koelkast. Lekker op een vers, wit bolletje. Bewaar buiten de koelkast, enkele dagen houdbaar.

ROEREI MET CHORIZO

Elise: 'Mijn vriend Marcel verraste mij in het begin van onze relatie met een roerei-ontbijtje. Ik dacht altijd dat roerei best machtig was door de combi van ei en room, maar nee hoor, zijn versie is licht en dus heel morningproof! Daarnaast is dit roerei lekker pittig door de chorizo.'

BEREIDINGSTIJD: 10 MINUTEN

MEN NEME (VOOR 2 PERSONEN):
- 3 eieren
- 1 halve ui
- 10 cherrytomaatjes
- 1 stuk van 50 g chorizo
- 2 van je favo afbakbroodjes

EN ZO DOE JE HET:
Bak de broodjes af volgens de verpakking. Snijd de ui fijn, halveer de cherrytomaatjes en snijd de chorizo in kleine blokjes. Verwarm een scheut olie in een koekenpan en bak de chorizo knapperig. Doe dan de ui erbij, bak totdat deze glazig is en voeg de cherrytomaatjes toe. Kluts de eieren los in een kom met peper en zout. Doe dit bij de tomaten en ui in de pan en roeren maar! Let op: zet je vuur heel laag, anders wordt je roerei droog. Het mengsel is na ongeveer 5 minuten klaar als het ei gestold is maar nog wel zacht en ietwat vochtig. Serveer met de broodjes.

Ook heel lekker: een beetje knoflook met je roerei meebakken!

Zin om een grotere
portie te maken?
In een afgesloten
pot blijft je granola
zeker 3 weken goed.

GRANOLA

Nina: 'Eén van m'n favo ontbijtjes is een flinke dosis crunchy noten en granen in een bakje kwark. En zo'n knapperige topping kun je heel makkelijk zelf maken. Delicious!'

BEREIDINGSTIJD: 45 MINUTEN

MEN NEME (VOOR 2 PERSONEN):

- 50 g gemengde, ongezouten, ongebrande noten
- 50 g havervlokken
- 4 el honing
- 2 el kaneel
- 400 g kwark

EN ZO DOE JE HET:

- Verwarm de oven voor op 180 graden.
- Doe de noten, havervlokken, honing en kaneel in een kom samen met 2 el olijfolie. Mix goed door totdat je een plakkerige massa hebt.
- Bekleed een ovenplaat met bakpapier en verdeel het noten-havermengsel erover.
- Bak 9 minuten, roer dan even goed door en bak nogmaals 9 minuten.
- Je granola is klaar als de noten en haver goudbruin zijn.
- Haal de bakplaat uit de oven en laat helemaal afkoelen, zodat de granola lekker knapperig wordt.
- Verdeel de kwark over 2 bakjes, granola erover en smullen maar!

ONTBIJTSUSHI MET ZALM

Elise: 'Ik ben dol op sushi. Maar of je me er nou 's nachts voor wakker mag maken? Nori op je nuchtere maag? Ik denk het niet. Wel voor deze ontbijtsushi, daar word ik 's ochtends heel blij van.'

BEREIDINGSTIJD: 20 MINUTEN

MEN NEME (VOOR 2 PERSONEN):
- 6 sneetjes maïsbrood
- 50 g zalm
- 1 ei
- 4 bladeren ijsbergsla
- 3 el Japanse mayonaise

EN ZO DOE JE HET:
- Zet een pan water op het vuur en breng aan de kook.
- Zodra het water kookt, leg je het ei erin en kook je 'm in 7 minuten half hard.
- Pel het ei en snijd in stukjes.
- Rooster ondertussen de boterhammen iets krokant in een droge koekenpan.
- Snijd de korsten van de sneetjes, leg ze per 3 naast elkaar en laat ze iets overlappen.
- Rol met een deegroller de boterhammen iets platter en aan elkaar, zodat het 2 plakken brood worden.
- Besmeer de plakken met mayonaise en beleg vervolgens met de ijsbergsla.
- Leg hierop dan een reep zalm en strooi daarover per rol de helft van de stukjes ei.
- Rol de broodplakken strak op en snijd ze vervolgens in plakjes van ongeveer 1,5 cm.
- Leg de rolletjes met de vulling naar boven op een bord.

Lekker met wat geroosterde sesamzaadjes erover. Meer een zoetekauw? Maak ontbijtsushi met banaan en de chocoladepasta van pagina 18.

Variatietip

Vervang een deel van de haver eens door boekweit-grutten en chiazaadjes of vervang de rozijnen door gojibessen en een schep van je favo zaden.

OVERNIGHT OATS

Nina: 'Oké, havermout klinkt een beetje ouderwets, maar dit heerlijke old school ontbijtje zorgt er wel mooi voor dat je tot de lunch bomvol zit. Enne, handig: je maakt het de avond ervoor al klaar.'

BEREIDINGSTIJD: 15 MINUTEN (+ 1 NACHT WEKEN)

MEN NEME (VOOR 2 PERSONEN):
- 70 g havervlokken of havermout
- 60 g rozijnen
- 2 tl kaneel
- 300 ml amandelmelk
- je favoriete verse fruit

EN ZO DOE JE HET:
- Verdeel de haver, rozijnen en kaneel over 2 grote glazen.
- Meng goed door elkaar en giet de amandelmelk hierover.
- Schenk ten slotte in ieder glas 50 ml koud water. Meng weer goed door elkaar.
- Zet de glazen in de koelkast en ga naar bed!
- De volgende ochtend ren je naar de koelkast en... surprise! Een heerlijke pap staat je op te wachten. Roer even door en maak af met je favoriete fruit.

3 X GROENTENSMOOTHIE

Nina & Elise: 'Groenten in je smoothie, we moesten even wennen aan het idee, maar na de eerste slok waren we overtuigd. Oké, misschien draait je maag om bij het idee dat je 's ochtends spinazie moet drinken, maar als je er genoeg lekker fruit bij stopt, proef je de groente helemaal niet. Deze 3 groentensmoothies zijn dus gezond, maar vooral ook echt lekker!'

De rode smoothie

Doe een halve gekookte rode biet samen met 1 handje aardbeien, een halve banaan, een schepje chiazaad en 100 ml water in de blender. Mixen maar.

De groene smoothie

Doe 1 banaan, 1 geschilde sinaasappel, 1 hand spinazie, 1 schepje lijnzaad en 100 ml water in de blender. Goed mengen en vervolgens in een glas schenken. Lekker!

De gele smoothie

Doe een flink stuk verse ananas, 2 geschilde stengels bleekselderij, een halve mango, een schepje lijnzaad en 100 ml water in je blender en mengen maar. Dat is een gezonde, zonnige start van de dag!

tip

Een smoothie met fruit én groenten is een heel gezonde start van de dag, bomvol vitaminen, vezels, antioxidanten en mineralen. De rauwe groenten helpen om je lichaam te zuiveren van gifstoffen. Door de groenten heel fijn te blenden, kan je lichaam de vitaminen direct opnemen waardoor je die gezonde boost krijgt. En je schijnt er ook nog mooier van te worden, want van een groenten-smoothie gaat je huid stralen. Bovendien vermindert het de neiging om te gaan snaaien of te veel te eten, het helpt je beter te slapen én het geeft je seksleven een oppepper. Dit moet je toch een keer proberen?

WENTELTEEFJES

Nina: 'De keuken is mijn domein, maar af en toe kan mijn vriend Bart ook best wat in elkaar flansen. Zo veroverde hij mijn hart met wentelteefjes. Geen grap, ik had dat in mijn eerste twintig levensjaren nog nooit gegeten.'

BEREIDINGSTIJD: 15 MINUTEN

MEN NEME (VOOR 2 PERSONEN):
- 4 sneetjes volkorenbrood
- 1 ei
- 60 ml melk
- 4 tl kaneel
- 4 tl rietsuiker

EN ZO DOE JE HET:
Roer het ei los in een diep bord. Voeg de melk toe en meng goed totdat je een egaal lichtgeel mengsel hebt. Verwarm een scheutje olie in een koekenpan en wentel de sneetjes een voor een aan beide kanten door het ei-melkmengsel. Bak op halfhoog vuur goudbruin. Houd ongeveer 3 minuten per kant aan. Haal uit de pan, bestrooi de sneetjes met kaneel en rietsuiker en serveer warm.

Quinoa is niet altijd even goed verkrijgbaar. Je kunt dit glutenvrije superzaadje ook vervangen door boekweitgrutten, amaranth of gierst.

CHOCOLADEQUINOA MET KOKOS

Elise: 'Dit ontbijtje smaakt naar Bounty, maar dan healthy style. Wie wil daar nou niet z'n dag mee beginnen?'

BEREIDINGSTIJD: 20 MINUTEN

MEN NEME (VOOR 2 PERSONEN):

- 100 g quinoa
- 250 ml hazelnootmelk
- 2 el cacao
- 3 el honing
- 2 el geraspte kokos

EN ZO DOE JE HET:

- Kook de quinoa volgens de verpakking en giet af.
- Doe de gekookte quinoa opnieuw in een pan, samen met de hazelnootmelk en de cacao. Breng tegen de kook aan.
- Zet het vuur lager en laat de quinoa een paar minuutjes op laag vuur pruttelen. Af en toe goed doorroeren, anders plakt de quinoa aan de bodem.
- Roer dan de honing erdoor.
- Haal de chocoladequinoa uit het pannetje en verdeel over 2 kommetjes.
- Strooi ten slotte de geraspte kokos erover.

LUNCH

We zijn dol op die good old bammetjes met kaas. Maar niet altijd. Zo schotelen we onszelf halverwege de dag ook graag een gegrilde nectarinesalade met haloumi of een zoete aardappeltortilla voor.

1, 2, 3, 4, 5... klaar!

Geen fan van
kappertjes?
Vervang ze door
geroosterde
pijnboompitten.

XL BRUSCHETTA MET SERRANOHAM

Elise: 'Ken je bruschetta alleen als voorafje of borrelhap? Zonde. Een XL-variant is heerlijk als lunch. Zeker met zoute ham en kappertjes. Probeer maar!'

BEREIDINGSTIJD: 15 MINUTEN

MEN NEME (VOOR 2 PERSONEN):
- 1 ciabatta
- 4 tomaten
- 150 g serranoham
- 2 el kappertjes
- 1 teen knoflook

EN ZO DOE JE HET:
- Snijd de tomaten in blokjes en meng ze met de kappertjes, een scheutje olijfolie (liefst extra vierge), zout en peper.
- Halveer de ciabatta in de lengte en de breedte, zodat je 4 stukken krijgt.
- Rooster het brood in 2 etappes in een grillpan aan allebei de kanten 4 minuten goudbruin.
- Wrijf de nog warme sneetjes in met de knoflook.
- Leg vervolgens op elke snee een paar plakken serranoham en maak het af met een schep van het tomatenmengsel.

Glutenallergie?
Dit recept is
perfect voor jou!

EGG WRAPS

Nina: 'Hoe fijn is dit: wraps eten, maar dan een keer zonder tarwe. Van ei kun je namelijk heerlijke wraps maken. En kijk hoe leuk het eruitziet!'

BEREIDINGSTIJD: 15 MINUTEN

MEN NEME (VOOR 2 WRAPS):

- 5 eieren
- 1 bosuitje
- 1 kwart oranje paprika
- 6 cherrytomaatjes
- 8 plakjes van je favoriete blok kaas

EN ZO DOE JE HET:

- Roer de eieren los met wat peper en zout.
- Verwarm een scheutje olie in een koekenpan op middelhoog vuur en giet er de helft van de losgeklopte eieren in.
- Bak een mooie ronde wrap door beide kanten ongeveer 4 minuten te garen.
- Snijd ondertussen het bosuitje en de paprika in dunne reepjes en halveer de cherrytomaatjes.
- Voeg als de wrap bijna klaar is de plakjes kaas toe, zodat deze smelten.
- Leg de wrap op een bord, beleg met de groenten en rol op. Zet eventueel vast met een cocktailprikker.
- Herhaal voor nummer 2.

ZUURDESEMTOAST MET ERWTJESSPREAD

Elise: 'Ik moet bekennen dat Nina mij heeft geleerd om lekker vega te koken. Ze is echt een kei in het maken van recepten zonder vlees. At ik vroeger vaak een saaie boterham met kipfilet, tegenwoordig maak ik bijna al mijn broodbeleg zelf. Zoals Nina's goddelijke erwtjesspread.'

BEREIDINGSTIJD: 10 MINUTEN

MEN NEME (VOOR 2 PERSONEN):
- 2 el Griekse yoghurt
- 200 g diepvrieserwtjes
- 1 hand verse muntblaadjes
- 1 halve avocado
- 4 sneetjes zuurdesembrood

EN ZO DOE JE HET:
- Doe de erwtjes in een bakje heet water en giet na 1 minuut af.
- Meng de erwtjes met de avocado, yoghurt en munt in de blender, voeg peper, zout en een klein scheutje olijfolie toe en maal tot een grof smeersel.
- Verwarm een grillpan, bestrijk je sneetjes brood met wat olijfolie en gril ze aan beide kanten knapperig met goudbruine streepjes.
- Snijd de toast dwars doormidden en schep een flinke lepel erwtjesspread op de toast.

Into bonenspreads? Check
op Chickslovefood.com
het recept mét kookfilmpje
voor edamame-fetaspread.

tip

Haloumi is een stevige, witte kaas die heel geschikt is voor bakken en grillen. Je koopt hem bij de Turkse of Marokkaanse winkel, maar sommige grote gewone supermarkten hebben deze zoute kaas ook in het assortiment, dan heet-ie vaak gewoon grillkaas.

PEULTJESSALADE MET GEGRILDE NECTARINE EN HALOUMI

Nina: 'Zodra er weer nectarines en perziken in de winkel verschijnen ben ik blij. Je kunt ze prima verwerken in een té lekkere lunchsalade. Het zoete van het fruit combineert hemels met de zoute kaas.'

BEREIDINGSTIJD: 25 MINUTEN

MEN NEME (VOOR 2 PERSONEN):

- 2 rijpe nectarines
- 1 halve ciabatta
- 50 g rucola
- 100 g peultjes
- 150 g haloumi

EN ZO DOE JE HET:

- Verwarm de oven voor op 180 graden.
- Snijd de ciabatta in blokjes, besprenkel ruim met olijfolie, bestrooi met peper en zout en zet dit 6 minuten in de oven totdat de blokjes knapperig zijn.
- Halveer de nectarines en snijd deze helften weer in 2 stukken, zodat je uiteindelijk 8 partjes hebt.
- Snijd de haloumi in plakken van 1 cm dik.
- Verwarm een grillpan op hoog vuur, bestrijk de nectarinepartjes aan beide snijvlakken dun met olijfolie en gril beide kanten zo'n 4 minuten.
- Tegelijkertijd leg je ook de haloumi in de grillpan. Ook deze gril je ongeveer 4 minuten per kant. Zowel de nectarine als de haloumi mogen mooie grillstreepjes krijgen.
- Kook ondertussen de peultjes in 3 minuten gaar en spoel ze af met koud water.
- Doe de rucola op 2 borden en verdeel de peultjes, nectarinepartjes en croutons erover.
- Snijd de haloumi in kleine reepjes en verdeel ook over de salade.
- Maak af met een scheut olijfolie (liefst extra vierge) en een snuf peper.

4 X HUMMUS

HUMMUS
Doe 300 g kikkererwten uit een pot of blik in een kom. Voeg 3 el tahin, 2 tenen knoflook, 2 tl komijnpoeder, sap van 1 citroen en 4 el olijfolie, peper en zout toe en pureer met een staafmixer tot een mooie, gladde hummus.

WASABI-HUMMUS
Herhaal het hummusrecept, maar vervang het komijnpoeder door 1 el wasabi.

WITTE BONEN-HUMMUS

Doe 350 g witte bonen uit een pot of blik in een kom. Voeg 3 el tahin, 2 tenen knoflook, sap van 1 citroen, 1 hand koriander, 3 el olijfolie, peper en zout toe en pureer met een staafmixer tot een mooie, gladde witte bonen-hummus.

ZONGEDROOGDE TOMATEN-HUMMUS

Herhaal het witte bonen-hummus-recept, maar vervang de koriander door 10 zongedroogde tomaatjes.

oja...

Dit brood is heerlijk om te breken en te dippen. Als extra touch kun je wat plakjes camembert over het brood verdelen en meebakken.

BROCCOLI-BREEKBROOD

Nina: 'Zelf een brood maken was nog nooit zo makkelijk. Even een paar healthy ingrediënten in de keukenmachine en voilà, je platte breekbrood kan de oven in.'

BEREIDINGSTIJD: 30 MINUTEN

MEN NEME (VOOR 1 PLAT BROOD):

- 250 g boekweitmeel
- 150 g havermout
- 4 eieren
- 2 el gedroogde Italiaanse kruiden
- 1 halve broccoli

EN ZO DOE JE HET:

- Verwarm de oven voor op 200 graden.
- Doe alle ingrediënten behalve de broccoli in een keukenmachine. Voeg 100 ml water en een flinke snuf peper en zout toe.
- Maal tot een fijne substantie.
- Snijd de broccoli in kleine roosjes en schep door het mengsel.
- Bekleed een ovenplaat met bakpapier en smeer hier het broccolimengsel over uit. Houd een plak aan van ongeveer 1,5 cm dik.
- Schuif in de oven en bak in 20 minuten goudbruin. Serveer met een bakje olijfolie (liefst extra vierge) en zout.

Tip: Serveer deze soep direct! Anders worden de broodjes klef.

SOEP IN EEN BROODJE

Elise & Nina: 'We aten eens samen in een restaurant waar eigenlijk niets lekker was behalve het voorgerecht: soep in een broodje. Dat restaurant bestaat niet eens meer, maar dat ene gerecht is toch blijven hangen. We maken het best vaak, bijvoorbeeld op een drukke Chickslovefood.com-werkdag. Even tussendoor zo'n gezellig soepje en hoppakee, weer aan het werk.'

BEREIDINGSTIJD: 25 MINUTEN

MEN NEME (VOOR 2 PERSONEN):
- 2 Italiaanse bollen
- 1 kleine ui
- 250 ml gezeefde tomaten
- 1 hand verse basilicum
- 1 half groente- of kruidenbouillonblokje

EN ZO DOE JE HET:
- Hak het uitje fijn en fruit de snippers aan in een scheutje olijfolie in een soeppan.
- Na 5 minuten doe je er de gezeefde tomaten, 250 ml water en het halve bouillonblokje bij.
- Breng zachtjes aan de kook en laat 8 minuten pruttelen.
- Terwijl je soep opstaat snijd je de kapjes van de broodjes en pluk je ze voorzichtig leeg. Zonde om dit brood weg te doen. Draai er kleine balletjes van die je even opbakt met wat olijfolie en zout. Lekker om als croutons bij je soep te serveren.
- Doe een flinke snuf peper, zout en de basilicum bij je soep. Houd een paar blaadjes apart.
- Zet de staafmixer in de pan en mix de soep glad.
- Serveer de soep in de broodjes, maak af met wat verse basilicum en de knapperige broodbolletjes.

PISTOLET MET HOLLANDSE GARNAALTJES EN PISTACHEKRUIM

Elise: 'Als Schevenings meisje ben ik dol op Hollandse garnalen. Misschien dat de combinatie garnalen, avocado en pistachenoten een beetje raar klinkt, maar als je het eenmaal hebt geprobeerd, ben je om. En de crunch van de pistache is zó lekker.'

BEREIDINGSTIJD: 15 MINUTEN

MEN NEME (VOOR 2 PERSONEN):
- 2 bruine pistolets
- 1 avocado
- 1 el Griekse yoghurt
- 100 g Hollandse garnaaltjes
- 1 hand gezouten pistachenoten

EN ZO DOE JE HET:
- Schil de avocado en prak het vruchtvlees samen met de Griekse yoghurt, een scheutje olijfolie en een flinke snuf peper en zout fijn.
- Roer de Hollandse garnaaltjes door de avocado.
- Snijd de pistoletjes open en besmeer de vier helften met het avocado-garnalenmengsel.
- Pel de pistachenootjes en hak ze fijn.
- Bestrooi de besmeerde pistolethelftjes met het pistachekruim.

Een granaatappel schoonmaken heeft nogal wat voeten in de aarde. Voor je het weet lijkt je keuken op een slagerij door de rode, rondvliegende spetters. Onze tip: leg de halve granaatappel in je hand, met het snijvlak naar beneden op je vingers. Pak een stevige pollepel en sla flink op de achterkant. De pitjes schieten er nu uit.

COUSCOUSSALADE MET GRANAATAPPEL EN PECANNOTEN

Nina: 'Bij dit gerecht moet ik altijd aan Elise denken omdat zij het me heeft geleerd. Sindsdien is het een topper hier thuis. Gewoon, omdat de combi's zo gruwelijk lekker zijn. Proef maar!'

BEREIDINGSTIJD: 20 MINUTEN

MEN NEME (VOOR 2 PERSONEN):
- 100 g couscous
- 1 halve granaatappel
- 75 g feta
- 2 handen verse bladpeterselie
- 2 handen gezouten pecannoten

EN ZO DOE JE HET:
- Bereid de couscous volgens de verpakking.
- Maak de granaatappel schoon en roer de pitjes door de couscous. Vrijgekomen sap mag er ook bij.
- Hak de bladpeterselie fijn en roer ook door de couscous.
- Verkruimel ten slotte de feta erover en maak af met de pecannoten, een scheutje olijfolie en wat peper. Zout is niet nodig, dat zit al aan de pecannoten en in de feta.

oja...

Wij zijn dol op zoete aardappel. Niet alleen is de smaak heerlijk, ook bevatten deze oranje knollen meer vitamine C en vitamine A dan gewone aardappelen, stofjes die onder meer zorgen voor een mooie huid. En deze gezonde bommetjes bevatten ook nog eens veel vezels, en die zorgen ervoor dat je langer een vol gevoel hebt.

ZOETE AARDAPPELTORTILLA MET FETA

Elise: 'Bij tortilla denk je misschien aan wraps, maar een tortilla op Spaanse wijze is gemaakt van aardappel en ei. En ik ben hier zo'n fan van! Het is snel klaar en je hebt echt even wat anders voor de lunch op tafel. Deze kleurrijke, zoete aardappeltortilla was een schot in de roos op het blog, dus het recept verdient een plekje in dit boek.'

BEREIDINGSTIJD: 20 MINUTEN

MEN NEME (VOOR 2 PERSONEN):

- 2 zoete aardappels
- 1 rode ui
- 6 eieren
- 1 hand verse bladpeterselie
- 100 g feta

EN ZO DOE JE HET:

- Schil de zoete aardappel en snijd deze in dunne plakjes (met een rasp in een keukenmachine gaat dat het best, de kaasschaaf werkt ook). Schil de ui en snijd ook deze in dunne ringen.
- Verwarm een scheut olie in een koekenpan en bak de aardappel en ui met wat peper en zout in 5 minuten goudbruin.
- Hak de peterselie fijn.
- Klop de eieren met de peterselie los in een kom en brokkel hier de feta door.
- Giet het eimengsel in de pan over de ui en aardappelplakjes. Zet het vuur laag, doe een deksel op de pan en bak de tortilla in 10 minuten gaar.
- Haal hem dan uit de pan, snijd in punten en serveer.

Met een flinke groene salade kun je de aardappeltortilla ook prima als diner eten.

DINER

Dat je met maar 5 ingrediënten een geweldig diner op tafel kan toveren

hebben de enthousiaste reacties op ons blog wel bewezen. De absolute online toppers zoals de sushibowl, het zoete aardappelstamppotje en de papadums met garnalen hebben we natuurlijk een plekje in dit boek gegeven. Maar onderschat onze nieuwe lekkertjes niet... Hallo, varkenshaasspies met udonnoedels, home made vissticks en jacket potatoes met cheddar!

Bulgur zijn harde tarwekorrels die eerst gestoomd zijn en daarna gedroogd en grof gemalen worden. Je komt ze vooral tegen in Turkse en Midden-Oosterse gerechten. De smaak lijkt een beetje op couscous. Heerlijk!

VISPAKKETJES MET VENKEL EN BULGURSALADE

Nina: 'Oeh, dit is zo'n lekker en licht gerecht. De combi citroen-venkel is echt subliem. En wat ziet het er leuk uit, zo'n verrassingspakketje op je bord. Een goed idee voor als je eters hebt.'

BEREIDINGSTIJD: 35 MINUTEN

MEN NEME (VOOR 2 PERSONEN):

- 2 kabeljauwfilets
- 1 venkelknol
- 1 citroen
- 150 g bulgur
- 15 cherrytomaatjes

EN ZO DOE JE HET:

- Verwarm de oven voor op 200 graden.
- Bereid de bulgur volgens de verpakking.
- Meng 2 tl olijfolie met 2 tl citroensap. Besmeer beide kanten van de visjes met het olie-citroenmengsel. Bestrooi vervolgens beide kanten royaal met peper en zout.
- Knip twee grote, vierkante stukken bakpapier en leg in het midden van de vellen een dun schijfje venkel, dat je van de onderkant van de knol snijdt.
- Leg hierop het visje, daarop een schijfje citroen en daarop weer een plakje venkel.
- Vouw de pakketjes dicht zodat er geen vocht kan uitlopen en bind ieder pakketje vast met touw.
- Leg de pakketjes in een ovenschaal en bak ze 15 minuten in de oven.
- Snijd de cherrytomaatjes fijn en meng door de wat afgekoelde bulgur.
- Pak vervolgens de venkelknol en rasp zo'n 50 g venkel door de bulgur.
- Breng op smaak met een scheut olijfolie (liefst extra vierge), een kneep citroensap en een flinke snuf peper en zout. Maak af met wat groene blad-sprietjes van de venkelknol.
- Haal de vispakketjes uit de oven, leg op 2 borden en serveer met de bulgursalade.

tip

Voor een kleurrijk bord serveer je de ravioli met verse basilicum en tomaat.

WONTON-RAVIOLI

Elise: 'Deze ravioli maak je met wontonvelletjes, waardoor je supersnel heerlijke home made ravioli hebt. Ik maakte ze voor het eerst voor mijn familie en echt iedereen was enthousiast. Zelfs mijn vader, die toch het liefst aardappels eet.'

BEREIDINGSTIJD: 20 MINUTEN

MEN NEME (VOOR 2 PERSONEN):

- 14 wontonvelletjes
- 100 g MonChou
- 2 tenen knoflook
- 100 g verse spinazie
- 2 el pijnboompitten

EN ZO DOE JE HET:

- Laat de wontonvelletjes uit de verpakking op een bord ontdooien.
- Snijd de knoflook fijn.
- Rooster de pijnboompitten in een droge koekenpan goudbruin. Zet even weg.
- Verwarm dan een scheutje olijfolie in de koekenpan en voeg de knoflook toe, gevolgd door de spinazie. Bak totdat het iets slinkt.
- Doe de spinazie in een kom, voeg de MonChou toe en pureer met een staafmixer tot een grof mengsel.
- Breng het geheel op smaak met zout en peper.
- Neem een wontonvelletje en schep in het midden een flinke theelepel van het mengsel.
- Maak de randen nat met een beetje water en vouw het velletje dicht. Herhaal dit bij alle vellen.
- Zet een glas op het wontonvel over de vulling en snijd met een mesje rond het glas een halfronde raviolivorm.
- Breng een pan met water aan de kook.
- Doe de ravioli in het water en kook ze in 4 minuten gaar.
- Schep ze uit de pan en verdeel over de borden.
- Maak de ravioli af met wat olijfolie (liefst extra vierge) en de pijnboompitjes.

Fan? Op de website staat ook nog een andere variant van dit zoete aardappel-stamppotje, maar dan met postelein, kikkererwten, geraspte grana padano en kastanjechampigons.

ZOETE AARDAPPELSTAMPPOTJE MET SPINAZIE

Nina: 'Dit recept is één van de populairste gerechten op Chickslovefood.com. En dat is niet voor niets natuurlijk. Kook je nooit met zoete aardappel? Ik durf te wedden dat die lekkere oranje knol een paar keer per maand op tafel komt zodra je dit gerecht hebt geprobeerd.'

BEREIDINGSTIJD: 35 MINUTEN

MEN NEME (VOOR 2 PERSONEN):

- 2 zoete aardappelen
- 100 g verse spinazie
- 100 g harde geitenkaas
- 1 hand gehalveerde walnoten
- 10 zongedroogde tomaatjes

EN ZO DOE JE HET:

- Schil de aardappelen en snijd ze in grove stukken. Breng wat water met een snuf zout aan de kook en kook de aardappelen zo'n 20 minuten tot ze zacht zijn.
- Terwijl de piepers staan te pruttelen, snijd je de spinazie en de tomaatjes in reepjes en de geitenkaas in blokjes. Zet even weg.
- Zet een droge koekenpan op hoog vuur en rooster de walnoten 3 minuten totdat ze beginnen te kleuren.
- Zodra de aardappels zacht zijn giet je ze af, maar bewaar je wel een scheutje van het kookvocht. Prak de aardappelen fijn en maak smeuïg met een scheutje kookvocht en een scheutje olijfolie. Je kunt ook de olie uit het potje van de tomaatjes nemen, lekker kruidig!
- Meng nu de spinazie, tomaatjes en geitenkaasblokjes door de gestampte aardappelen en breng op smaak met zout en peper.
- Maak af met de geroosterde walnoten.

tip

Heb je de tijd? Gril dan een hele kip in de oven, pluk het vlees en vul de taco's daarmee. Je vindt een recept voor gegrilde hele kip op Chickslovefood.com.

TACO'S MET KIP, AVOCADO EN KORIANDER

Elise: 'Natuurlijk zijn taco's gevuld met gehakt erg lekker, maar ik vind dat vaak wel machtig. Deze taco's met kip zijn echt even wat anders en ook fijn: een stukje lichter!'

BEREIDINGSTIJD: 20 MINUTEN

MEN NEME (VOOR 2 PERSONEN):

- 6 tacoschelpen
- 350 g kipfilet
- 1 hand verse koriander
- 2 avocado's
- 1 limoen

EN ZO DOE JE HET:

- Verwarm de oven voor op 200 graden.
- Snijd de kipfilet in reepjes, besprenkel ze met olie, peper en zout en gril ze in een grillpan in 10 minuten gaar.
- Leg de taco's op een ovenrooster en bak ze in enkele minuten goudbruin en knapperig. Let op: dit gaat heel snel!
- Verwijder de pitten uit de avocado's, lepel het vlees eruit en snijd dit in parten.
- Vul de taco's met de reepjes kip, de avocadoparten en wat blaadjes verse koriander.
- Sprenkel hierover ten slotte wat sap van de limoen.

tip

De volgende dag zijn deze pannenkoeken ook nog heerlijk. Gewoon koud, als lunch!

BOEKWEITPANNENKOEKEN MET BROCCOLI EN GEITENKAAS

Nina: 'Pannenkoeken. Ik ken niemand die ze niet lust. Als je het gewone meel vervangt door boekweitmeel (glutenvrij!) en de melk door water, zijn ze zeker zo lekker maar een stuk lichter. Al doe ik er dan wel weer een beetje geitenkaas bij. Tja, eens een cheese junkie, altijd een cheese junkie...'

BEREIDINGSTIJD: 45 MINUTEN

MEN NEME (VOOR 2 PERSONEN):
- 200 g boekweitmeel
- 2 eieren
- 250 g broccoli
- 20 g zonnebloempitten
- 150 g zachte geitenkaas

EN ZO DOE JE HET:
- Snijd de broccoli in hele kleine roosjes.
- Meng het meel samen met de eieren en 350 ml water tot een glad mengsel. Je zult merken dat het beslag wat stroperiger is dan gewoon pannenkoekenbeslag, maar dat is juist goed.
- Verwarm een scheutje olie in een koekenpan op middelhoog vuur.
- Schep een lepel van het beslag in de pan, laat een beetje uitlopen en bestrooi meteen met wat broccoli, zonnebloempitjes en geitenkaas.
- Als na ongeveer 3 minuten de bovenkant droog is, draai je de pannenkoek om en bak je ook deze kant nog zo'n 3 minuten.
- Herhaal dit met de rest van het beslag. In totaal bak je 6 pannenkoeken.
- Serveer gewoon zo, of met nog wat extra geitenkaas die je over de pannenkoek uitsmeert.

Variatie: Geen zin in sushi? Probeer dan de taco bowl. Vul een kom met gebroken tacoschelpen, gehakt, maïs, tomaten en ui. Ook een succes!

SUSHI BOWL

Elise: 'Als ik een gerecht moet kiezen als signature dish van Chickslovefood.com, dan is het misschien wel deze sushi bowl. Dit is namelijk zo ongeveer het simpelste sushi-recept ter wereld. Geen urenlang gerol, je doet de 5 sushi-ingrediënten in een kom en klaar! Met wat sojasaus en wasabi is het een prima sushi-lesser. It's heaven in a bowl!'

BEREIDINGSTIJD: 15 MINUTEN

MEN NEME (VOOR 2 PERSONEN):
- 2 norivellen
- 200 g rijst
- 6 surimisticks
- 1 avocado
- 2 el geroosterd sesamzaad

EN ZO DOE JE HET:
- Kook de rijst volgens de verpakking.
- Zet een gaspit aan en haal een paar keer vluchtig de norivellen door de vlammen. Hierdoor worden ze lekker knapperig.
- Knip de vellen vervolgens in dunne reepjes.
- Snijd de avocado in stukjes en de surimi in reepjes.
- Verdeel de rijst over 2 kommen.
- Schep de nori door de rijst.
- Leg hier de avocado en krab op en maak de bowl af met het sesamzaad.

3 X SNELLE HARTIGE TAART

Elise en Nina: 'Omdat ze zo lekker simpel zijn, krijgen we nooit genoeg van hartige taarten. Je hebt alleen wat deeg nodig en verder kun je er alles in verwerken wat je in je koelkast vindt. Ideaal als snel diner.'

COURGETTEQUICHE
SPINAZIE-SERRANOHAM-PLAATTAART

Simpele uientaart

BEREIDINGSTIJD: 45 MINUTEN

MEN NEME (VOOR 1 TAART):

- 5 uien
- 8 vierkante vellen filodeeg
- 400 ml dikke Griekse yoghurt
- 2 eieren
- 150 g geraspte kaas

EN ZO DOE JE HET:

- Verwarm de oven voor op 190 graden.
- Snijd de uien in ringen.
- Verwarm wat olie in een pan en doe de uienringen erbij. Bak aan op middelhoog vuur, totdat de uienringen lichtbruin worden.
- Vet ondertussen een quichevorm in met een drupje olijfolie en bekleed met de filodeegvellen. Zorg dat je een dubbele laag filodeeg hebt.
- Roer de eieren los en meng met de Griekse yoghurt. Breng op smaak met een snuf peper en zout.
- Verdeel het eier-yoghurt-mengsel over het filodeeg.
- Schep de uienringen op de yoghurt, verdeel over de hele quiche en strooi er nog een flinke snuf peper over.
- Maak af met de geraspte kaas.
- Smeer de opstaande randjes filodeeg in met wat olijfolie zodat het straks in de oven knapperig en bruin wordt.
- Schuif op een rooster in de oven en bak 35 minuten, totdat de bovenkant goed bruin is.

Spinazie-serranoham-plaattaart

BEREIDINGSTIJD: 30 MINUTEN

MEN NEME (VOOR 1 PLAATTAART):

- 1 rol vers bladerdeeg
- 150 g diepvriesspinazie
- 100 g geraspte kaas
- 100 g serranoham
- 150 ml tomatensaus

EN ZO DOE JE HET:

- Verwarm de oven voor op 200 graden.
- Rol het verse bladerdeeg uit op een met bakpapier beklede bakplaat.
- Maak rondom een opstaande rand door het deeg dubbel te vouwen.
- Besmeer het deeg met de helft van de tomaten-saus en verspreid de spinazie erover.
- Verdeel de rest van de tomatensaus over de spinazie.
- Maak hem af met de geraspte kaas.
- Zet de taart in de oven en bak 15 minuten.
- Haal uit de oven, verspreid de ham over de taart en bak hem nog zo'n 5 minuten totdat de ham knapperig is.

Courgettequiche

BEREIDINGSTIJD: 40 MINUTEN

MEN NEME (VOOR 1 QUICHE):

- 1 courgette
- 8 plakjes hartige taartdeeg
- 250 ml dikke Griekse yoghurt
- 1 ei
- 100 g gorgonzola

EN ZO DOE JE HET:

- Verwarm de oven voor op 180 graden.
- Klop het ei los in een schaaltje.
- Roer hier de Griekse yoghurt door en breng op smaak met zout en peper.
- Bedek een quichevorm met het hartige taartdeeg.
- Schenk hierover het yoghurtmengsel en verdeel met een spatel over de hele vorm.
- Bedek dan de yoghurt met zeer dunne plakjes courgette.
- Strooi de gorgonzola over de courgette.
- Besprenkel ten slotte de taart met wat olijfolie, vooral de randen. Zo wordt de taart mooi glanzend en bruin.
- Bak de quiche in 30 minuten gaar.

JACKET POTATOES MET KIDNEYBONEN EN CHEDDAR

Elise: 'Tijdens mijn journalistiek master heb ik een aantal maanden in Engeland gestudeerd. En hoewel ik geen fan was van de Engelse keuken, hebben de jacket potatoes toen mijn hart gestolen. Heerlijk zo'n smeuïge gevulde aardappel, zeker als je hem volstopt met bonen en cheddar. So enjoyable!'

MEN NEME (VOOR 2 PERSONEN):

- 4 grote aardappels
- 125 g kidneybonen (uitgelekt)
- 100 g cheddar
- 1 vleestomaat
- 1 lenteui

BEREIDINGSTIJD:
1 UUR EN 15 MINUTEN

EN ZO DOE JE HET:
Verwarm de oven voor op 170 graden. Was de aardappels, dep ze droog, prik ze in met een vork en wikkel ze in aluminiumfolie. Doe in de oven en bak de aardappels in 50 minuten gaar. Snijd ondertussen de vleestomaat in kleine blokjes en de lenteui in fijne ringetjes. Meng in een kommetje de blokjes tomaat met de lenteui, 50 g cheddar in stukjes en de kidneybonen. Breng op smaak met peper en zout. Haal de aardappels uit de oven, snijd ze open en vul ze met het bonenmengsel. Verkruimel over iedere aardappel de overgebleven cheddar. Zet de oven nu op grillstand. Schuif de aardappels in de oven en gril ze zo'n 3 minuten, totdat de cheddar is gesmolten.

Weinig tijd? Prik dan de aardappels in en leg ze in de magnetron: 4 minuten op de hoogste stand, omdraaien, nog eens 4 minuten en klaar zijn je gepofte aardappels!

tip

Dol op garnalen?
Op onze website
vind je ook nog een
té lekker wraprecept
met romige, pittige
garnalen en avocado.

WRAPS MET ROMIGE GARNALEN

Nina: 'Met deze snelle wraps smul je to the max! Enne, houd een flinke keukenrol in de buurt, dit wordt een stevig potje kliederig met je handen eten. '

BEREIDINGSTIJD: 20 MINUTEN

MEN NEME (VOOR 2 PERSONEN):
- 3 tomaten
- 300 g verse spinazie
- 150 g voorgekookte en gepelde garnalen
- 150 ml dikke Griekse yoghurt
- 4 meergranenwraps

EN ZO DOE JE HET:
- Verwarm een scheutje olie in een koekenpan en doe de spinazie erbij. Bestrooi met peper en zout. Bak zo'n 8 minuten op laag vuur, totdat de spinazie geslonken is.
- Terwijl de spinazie in de pan zit, snijd je de tomaten in kleine blokjes.
- Doe de spinazie in een vergiet en laat goed uitlekken. Verwarm opnieuw een scheutje olijfolie in de koekenpan.
- Doen nu de garnalen met wat peper en zout in de pan, bak 3 minuten.
- Verwarm ondertussen de wraps kort in de magnetron of onder de grill.
- Roer de tomatenblokjes samen met de garnalen door de Griekse yoghurt en breng op smaak met flink wat peper, zout en een klein scheutje olijfolie.
- Pak een wrap, beleg de helft met spinazie, en doe hierop een flinke schep van de romige garnalen. Vouw de wrap dubbel en doe hetzelfde met de 3 overige wraps.

KIP PIZZAIOLA

Elise: 'Dit gerecht is een heel boyfriend proof recept. Deze Kip Pizzaiola is namelijk een van de 5 or less-favo's van mijn vriend. Pizzaiola betekent 'iets' in tomatensaus. En als je dan van dat 'iets' kipfilet, salami en mozzarella maakt, heb je echt een topgerecht op tafel getoverd. Een goddelijke ovenschotel met slechts 4 ingrediënten. En dan de spaghetti erbij makes it five!'

BEREIDINGSTIJD: 35 MINUTEN

MEN NEME (VOOR 2 PERSONEN):
- 2 kipfilets
- 250 ml tomatensaus met kruiden
- 4 plakjes salami
- 1 halve bol mozzarella
- 125 g spaghetti

EN ZO DOE JE HET:
- Verwarm de oven voor op 200 graden.
- Giet de tomatensaus op de bodem van een ovenschaal.
- Bestrooi de kipfilets met peper en zout en leg ze op de tomatensaus.
- Zet de schaal in de oven en bak de kip ongeveer 15-20 minuten, afhankelijk van de dikte van je kipfilets.
- Kook de spaghetti volgens de verpakking.
- Haal de schaal uit de oven, beleg de kipfilets met de plakjes salami en daarop in plakjes gesneden mozzarella.
- Verhoog de temperatuur van de oven naar 220 graden en zet de schaal terug. Laat nog 5 minuten in de oven, totdat de salami knapperig wordt en de mozzarella mooi goudbruin is geworden.
- Haal de schaal uit de oven en serveer de Kip Pizzaiola met de spaghetti.

Tip: Geen zin in spaghetti? Dit gerecht is ook lekker met de Roseval-frieten van pagina 85.

Gnocchi zijn Italiaanse aardappelbolletjes. Iedere grotere supermarkt heeft ze. Zelf gnocchi maken? Je vindt het recept op onze site.

GNOCCHI MET BOONTJES EN AMANDEL

Nina: 'Ah, dit recept brings back memories. Tijdens onze tijd in Rotterdam hebben Elise en ik een periode vegan gegeten, dus zonder dierlijke producten. Dit maaltje kwam toen vaak op tafel. Als je geen vlees of zuivel eet, is het goed om wel voldoende bonen en noten binnen te krijgen, daar zitten veel eiwitten in. Al eten we nu niet meer vegan, dit gerecht is nog steeds een succesnummer.'

BEREIDINGSTIJD: 25 MINUTEN

MEN NEME (VOOR 2 PERSONEN):
- 500 g gnocchi
- 150 g haricots verts
- 15 cherrytomaatjes
- 1 hand verse tijm
- 25 g amandelschaafsel

EN ZO DOE JE HET:
- Maak de boontjes schoon door de uiteindes te verwijderen en halveer de cherrytomaatjes.
- Zet een koekenpan op hoog vuur en rooster hierin het amandelschaafsel in 2 minuten goudbruin. Haal uit de pan en zet even weg.
- Verhit nu een laagje olie in dezelfde koekenpan en doe hier de gnocchi in. Bak ze goudbruin, schud de pan af en toe.
- Kook in een andere pan de haricots verts 4 minuten totdat ze beetgaar zijn.
- Giet de boontjes af, laat goed uitlekken en voeg samen met de cherrytomaatjes en de afgeritste tijmtakjes bij de gnocchi.
- Bak nog een paar minuten door en prak de tomaatjes wat fijn met je vork.
- Verdeel over 2 borden en maak af met het amandelschaafsel en wat extra vierge olijfolie.

QUINOA MET MERGUEZWORSTJES

Elise: 'Het liefst eet ik merguezworstjes van de barbeque, zo lekker! Maar uit de grillpan zijn ze ook heerlijk, zeker als je ze serveert met frisse quinoa.'

BEREIDINGSTIJD: 20 MINUTEN

MEN NEME (VOOR 2 PERSONEN):
- 1 komkommer
- 2 tomaten
- 3 el zadenmix
- 200 g quinoa
- 4 merguezworstjes

EN ZO DOE JE HET:
- Kook de quinoa volgens de verpakking.
- Snijd de tomaten en de komkommer in blokjes.
- Verwarm een grillpan en leg de worstjes in de pan.
- Gril de worstjes in 8 minuten gaar.
- Rooster in een droge koekenpan de zaden tot ze goudbruin zijn.
- Giet de quinoa af en roer de komkommer, tomaat en zaden door de quinoa.
- Breng op smaak met peper, zout en olijfolie.
- Serveer de quinoa met de merguezworstjes.

Geen fan van merguezworstjes? Vervang ze door runderchipolata's.

Lekker met geroosterd wit en zwart sesamzaad!

SUPERFOODNOEDELS MET ZALM EN BROCCOLI

Nina: 'Weinig benodigdheden en toch heel erg gezond eten, de ultieme combi als je het mij vraagt. Als je in dit gerecht kiest voor groene thee-noedels die verkrijgbaar zijn bij de biologische supermarkt, dan heb je echt een superfoodbom op je bord.'

BEREIDINGSTIJD: 15 MINUTEN

MEN NEME (VOOR 2 PERSONEN):
- 200 g verse zalmfilets
- 1 broccoli
- 150 g (groene thee-) noedels
- 6 el sojasaus
- 4 el sesamolie

EN ZO DOE JE HET:
- Kook de noedels volgens de verpakking.
- Snijd de broccoli in langwerpige roosjes en de zalmfilets in blokjes.
- Verwarm wat olie in een wokpan en voeg de broccoli toe, bak deze 3 minuten op hoog vuur.
- Voeg de zalm toe, bak ook deze op hoog vuur even mee en zet dan het vuur iets lager. Bak nog 3 minuten tot de zalm mooi roze is.
- Schep ten slotte de noedels door het geheel.
- Verdeel over 2 kommen en besprenkel het geheel met de sojasaus en de sesamolie.

3 X AARDAPPEL SIDE DISH

RÖSTI

Schil 4 kruimige aardappels en rasp ze. Haal de naaldjes van 2 takjes rozemarijn, snijd deze fijn en pers 1 teen knoflook. Meng de aardappelrasp met de knoflook, rozemarijn en wat peper en zout. Verwarm een flinke scheut olie in een koekenpan en schep het aardappelmengsel erin. Verdeel alles mooi gelijk over de bodem. Laat dit op middelhoog vuur even garen, waarna je de rösti met behulp van een bord omdraait en de andere kant bakt. Dit doe je een paar keer. De rösti is gaar na ongeveer 15 minuten.

ROSEVAL-FRIETEN

Verwarm de oven voor op 200 graden. Was 500 g Roseval-aardappels en snijd ze met schil in frieten. Doe ze in een pan met water, zorg dat de frieten net onder staan. Deksel op de pan en aan de kook brengen. Kook 8 minuten, giet af en dep droog. Spreid de frieten uit op een met bakpapier beklede ovenplaat. Besprenkel ze met olijfolie, peper, zout, 1 hand zachte tijm en 1 el paprika-poeder. Pers 2 tenen knoflook fijn en verdeel ook dit over de aardappels. Zet de frieten in de oven en bak ze in 25 minuten goudbruin en knapperig.

ZOETE AARDAPPELGRATIN

Verwarm de oven voor op 180 graden. Schil 2 zoete aardappels, was ze en snijd ze in dunne plakjes. Snijd 2 tenen knoflook en een halve rode peper fijn. Doe de aardappelplakjes in een kom en meng met 1 el olijfolie, de peper, knoflook, 5 el crème fraîche, peper en zout. Vet een ovenschaal in. Schep het aardappelmengsel hierin en strooi 3 el gehakte pinda's erover. Bak de gratin in ongeveer 30 minuten gaar.

PAPADUMS MET GARNALEN

Nina: 'Dit gerecht vergt enige snelheid. Bij het maken van de papadumbakjes moet je de gefrituurde papadums vliegensvlug in de juiste vorm duwen. Zowel Elise als Bart zijn hier heel goed in. Ik iets minder, haha. Maar zélfs als de bakjes een beetje misvormd zijn, smaken ze verrukkelijk.'

BEREIDINGSTIJD: 30 MINUTEN

MEN NEME (VOOR 2 PERSONEN):
- 4 papadums
- 200 g Japanse wokgroenten
- 125 g gepelde, voorgekookte garnalen
- 2 el rode currypasta
- 200 ml kokosmelk

EN ZO DOE JE HET:
- Verhit een laagje van 1 cm zonnebloemolie in een koekenpan.
- Check of de olie de juiste temperatuur heeft door er een klein stukje papadum in te houden. Als de olie bruist, is-ie heet.
- Leg een papadum 2 seconden in de hete olie, haal eruit met een tang, leg onmiddellijk in een kommetje en duw aan met een ander kommetje van een iets kleiner formaat om er een bakje van te maken. En dit alles doe je in 5 seconden; oefening baart kunst.
- Dep overtollige olie van het bakje en leg opzij.
- Herhaal dit met de overige 3 papadums.
- Verwarm de currypasta samen met een scheutje olie in een koekenpan op middelhoog vuur.
- Na 2 minuten voeg je de groenten toe. Bak op hoog vuur 3 minuten goed door.
- Schenk de kokosmelk erbij en voeg 100 ml water toe. Laat 5 minuten pruttelen, totdat de curry wat indikt.
- Voeg nu de garnalen toe en kook 1 minuut mee.
- Zet de papadumbakjes op een bord, en vul met de curry.

Lekker met rijst
of naanbrood.

Soep over? Lekker voor de lunch de volgende dag.

tip

Pimp je soep met gebakken uitjes, gemalen kokos, verse peterselie, lenteui of whatever you like!

THAISE KOKOSSOEP MET KIP

Elise: 'Het is écht mogelijk om een lekkere Thaise maaltijdsoep met slechts 5 ingrediënten te bereiden. En al kun je deze soep nog verder pimpen, met deze 5 is-ie al heerlijk.'

BEREIDINGSTIJD: 20 MINUTEN

MEN NEME (VOOR 2 PERSONEN):

- 400 g pittige Thaise wokgroenten
- 3 kippenbouillonblokjes
- 200 ml kokosmelk
- 300 g kipfilet
- 150 g mihoen

EN ZO DOE JE HET:

- Zet een soeppan op het vuur en verwarm hierin een scheutje olie.
- Snijd de kipfilet in blokjes, doe ze in de pan en bak even aan.
- Doe 700 ml gekookt water samen met het bouillonblokje in de pan en roer goed door.
- Voeg dan de kokosmelk toe, gevolgd door de groenten en roer wederom alles even goed door elkaar.
- Laat op laag vuur 10 minuten pruttelen.
- Doe de mihoen erbij, duw de slierten helemaal onder water en laat dit 4 minuten mee koken.
- Schep de mihoen met kip en groenten in een kom en schenk daarna het vocht erbij.
- Serveer meteen, voordat de noedels al het vocht opslurpen.

Pecorino is een harde, Italiaanse schapenkaas. Heel pittig en zout, mmm. Hij lijkt op Parmezaanse kaas, maar die is gemaakt van koemelk.

PENNE MET ERWTJES EN ROMIGE CITROENSAUS

Nina: 'Het ultieme comfortfood? Dit komt aardig in de buurt. Romige, vullende penne, maar toch licht door de frisse citroen en knapperige erwtjes. En dan die zoute pecorino... Aaah, hou maar op!'

BEREIDINGSTIJD: 15 MINUTEN

MEN NEME (VOOR 2 PERSONEN):

- 150 g volkoren penne
- 200 g ricotta
- 100 g doperwtjes uit de diepvries
- 1 citroen
- 1 stukje pecorino van 50 g

EN ZO DOE JE HET:

- Kook de pasta volgens de verpakking.
- Was de citroen en rasp de helft van de gele schil. Het witte is bitter, dus dat rasp je niet mee.
- Roer de citroenrasp samen met het sap van een halve citroen, een scheutje olijfolie (liefst extra vierge) en flink wat peper en zout door de ricotta.
- Overgiet de erwtjes met warm water.
- Roer de citroenricotta en de erwtjes door de penne.
- Verdeel over de borden en rasp de pecorino erover.

tip

Door om de 12 seconden de biefstukken te draaien in de pan, worden ze lekker knapperig zonder te verbranden.

BIEFSTUK MET PARMEZAANSE KAAS EN RUCOLA

Elise: 'Ik moet bij dit recept mijn vriend vermelden, hij is degene geweest die de combi steak en Parmezaanse kaas heeft 'ontdekt'. En ja, daar krijgt hij bij dezen een bedankje voor, dit is zo ontzettend lekker!'

BEREIDINGSTIJD: 15 MINUTEN

MEN NEME (VOOR 2 PERSONEN):
- 2 biefstukken
- 1 stukje Parmezaanse kaas van 100 g
- 75 g rucola
- 1 citroen
- 1 afbakciabatta

EN ZO DOE JE HET:
- Haal 30 minuten voor je aan de slag gaat het vlees uit de koelkast.
- Bak de ciabatta af volgens de verpakking.
- Zet een koekenpan op hoog vuur en laat 5 minuten staan.
- Doe dan een flinke scheut olie (liefst zonnebloemolie), die de bodem net bedekt, in de pan. Laat de olie goed warm worden.
- Bestrooi de biefstukken met flink wat zout.
- Leg ze met een tang in de pan.
- Tel 12 seconden en draai dan de biefstukken om.
- Tel weer 12 seconden en draai ze opnieuw om.
- Ga hiermee door tot je de gewenste gaarheid hebt: voor *rare* draai je ongeveer 7 keer, voor medium 10 keer.
- Haal de biefstukken vervolgens uit de pan, bestrooi ze met peper en laat ze onder aluminiumfolie even rusten.
- Was de citroen, rasp wat stukjes schil met een kaasschaaf en doe dit in de nog warme bakolie van de steaks.
- Verdeel de rucola over een schaal.
- Snijd de steaks in stukjes van ongeveer 2 cm en verdeel over de rucola.
- Schaaf hier met een kaasschaaf flinters Parmezaan over.
- Besprenkel ten slotte met wat kneepjes citroensap en de bakolie (zonder de schilletjes) en serveer met de ciabatta.

Tempeh is een vleesvervanger die gemaakt is van sojabonen. Het is lekker grof en stevig van structuur, ideaal om mee te roerbakken. Je koopt het witte goedje in plakken bij de natuurwinkel of de Chinese supermarkt.

MIE MET TEMPEH EN SPRUITJES

Nina: 'Vroeger lustte ik geen spruitjes, maar ik moest ze toch eten als ze op tafel verschenen. Zes stuks toen ik zes was, zeven toen ik zeven was... Nu ben ik blij dat ik de lekkere minikooltjes heb herontdekt. Op z'n Aziatisch in combinatie met cashews en tempeh behoren ze tot mijn favoriete maaltjes.'

BEREIDINGSTIJD: 25 MINUTEN

MEN NEME (VOOR 2 PERSONEN):

- 250 g spruitjes
- 150 g tempeh
- 150 g mie
- 60 g ongezouten cashewnoten
- 75 ml van je favoriete woksaus

EN ZO DOE JE HET:

- Snijd de onderkantjes van de spruitjes, verwijder de buitenste blaadjes en was ze goed.
- Breng water aan de kook met een snufje zout en kook de spruitjes 8 minuten op middelhoog vuur.
- Terwijl je spruitjes koken snijd je de tempeh in blokjes van ongeveer 1 bij 1,5 cm.
- Verwarm een scheutje olie (liefst zonnebloemolie) in een koekenpan en voeg de tempeh toe. Bak op hoog vuur goudbruin in 6 minuten.
- Haal de spruitjes met een schuimspaan uit de pan en voeg bij de tempeh. Pas op, dit kan spetteren omdat er wat water bij de hete olie komt. Zet het vuur wat zachter naar middelhoog.
- Doe de mie in de pan waar de spruitjes in hebben gezeten en kook volgens de verpakking.
- Bak de tempeh en spruitjes 2 minuten en doe dan de cashewnoten erbij. Bak 1 minuut mee en voeg dan de woksaus toe.
- Meng alles goed door elkaar en zet op laag vuur.
- Laar de mie uitlekken en doe in de koekenpan.
- Roer goed door en serveer.

PARMEZAAN-KABELJAUW MET TOMATENTOPPING EN TAGLIATELLE

Elise: 'Vis met kaas, voor sommigen not done, maar ik vind het zó lekker! Dit gerecht is echt even wat anders op tafel en dat natuurlijk zonder heel veel moeite.'

BEREIDINGSTIJD: 20 MINUTEN

MEN NEME (VOOR 2 PERSONEN):

- 2 kabeljauwfilets
- 1 stukje Parmezaanse kaas van 80 g
- 1 teen knoflook
- 4 tomaten
- 150 g tagliatelle

EN ZO DOE JE HET:

- Zet de grillstand van je oven zo hoog mogelijk.
- Kook de tagliatelle volgens de verpakking.
- Dep de kabeljauwfilets droog en bestrooi ze met peper en zout.
- Rasp de Parmezaanse kaas en strooi ¾ over de kabeljauwfilets.
- Zet de vis in de oven en gril ze 12 minuten, totdat de kaas mooi goudbruin geworden is.
- Maak ondertussen de tomatentopping door de tomaten in blokjes te snijden, de knoflook fijn te hakken en dit te mengen. Voeg peper en zout toe en een flinke scheut olijfolie.
- Verdeel de tagliatelle over de borden en leg daarop de kabeljauwfilets. Schep de tomatentopping erop en maak het geheel af met de overgebleven Parmezaanse kaas.

PIZZA TURKISH STYLE

3 X PIZZA ANDERS

Nina: 'Als ik vroeger mocht kiezen wat ik voor m'n verjaardag at, koos ik altijd pizza. En nog steeds smul ik van de Italiaanse pizza, maar inmiddels ben ik ook dol op allerlei varianten. Zoals deze 3 toppers. Time for a pizza party!'

NAANPIZZA
PITA PIZZAATJES

Pizza Turkish style

BEREIDINGSTIJD: 20 MINUTEN

MEN NEME (VOOR 2 PERSONEN):
- 4 meergranenwraps
- 4 tomaten
- 200 g rundergehakt
- 100 g rauwe rode kool
- 150 ml Griekse yoghurt

EN ZO DOE JE HET:
- Verwarm de oven voor op 220 graden.
- Snijd de rode kool in heel dunne reepjes en doe ze in een bakje met een flinke scheut olijfolie (liefst extra vierge), peper en zout. Hussel door en zet even weg.
- Snijd 2 tomaten heel fijn.
- Verwarm een scheutje olie in een koekenpan en doe het gehakt erbij. Prak de gehaktsliertjes met een vork nog wat fijner.
- Voeg na 3 minuten de tomaatblokjes en een flinke snuf peper en zout toe. Bak nog 2 minuten.
- Leg 4 wraps op een bakplaat en besmeer met het gehakt-tomaatmengsel.
- Verdeel de rode kool over de wraps en zet ze 5 minuten in de oven.
- Ondertussen meng je de yoghurt met een scheut olijfolie (liefst extra vierge) en peper en zout.
- Snijd de overige 2 tomaten in dunne plakken.
- Haal de pizza's uit de oven, beleg met de tomaat en maak af met wat klodders yoghurt.

Naanpizza

BEREIDINGSTIJD: 20 MINUTEN

MEN NEME (VOOR 2 PERSONEN):
- 2 knoflook-koriander naanbroden
- 1 halve aubergine
- 1 potje witte kaasblokjes in olie
- 1 hand zwarte olijven zonder pit
- 2 handen rucola

EN ZO DOE JE HET:
- Verwarm de grillstand van je oven.
- Snijd de aubergine met een kaasschaaf in lange, dunne plakken en besmeer ze aan beide kanten met een beetje olie uit het kaaspotje.
- Bak ze in de grillpan aan beide kanten 5 minuten, totdat er streepjes ontstaan.
- Besmeer ook de naanbroden dun met wat olie uit het potje.
- Haal de helft van de kaas uit het potje en verkruimel de blokjes door ze met een vork te pletten. De andere helft gebruik je niet.
- Snijd de olijven in dunne ringetjes.
- Beleg de naanbroden met de auberginеplakken, olijven en kaaskruimels.
- Leg de naanpizza's 10 minuten onder de hete grill, totdat de kaas zacht is.
- Haal ze uit de oven en verdeel de rucola erover.

Pita Pizzaatjes

BEREIDINGSTIJD: 15 MINUTEN

MEN NEME (VOOR 2 PERSONEN):
- 4 pitabroodjes
- 8 el tomatensaus
- 1 blikje tonijn op water
- 1 rode ui
- 8 el geraspte belegen kaas

EN ZO DOE JE HET:
- Verwarm de oven voor op 220 graden.
- Snijd de pita's in 2 helften, leg ze op een bakplaat en besprenkel met olijfolie.
- Doe de tomatensaus in een bakje en meng met wat peper en zout.
- Verdeel de tomatensaus over de pitahelften.
- Snijd de rode ui in dunne ringen.
- Verdeel de tonijn, rode ui en geraspte kaas over de pita's.
- Bak 8 minuten totdat de kaas gesmolten is.

GROENE COUSCOUSSALADE MET KALKOEN

Elise: 'Ik vind couscous het makkelijkste diner ever. Je giet er wat gekookt water over, doet er wat lekkere ingrediënten bij en klaar is je healthy, smaakvolle maaltijd. Deze variant met edamame en aspergetips is een plaatje op tafel!'

BEREIDINGSTIJD: 20 MINUTEN

MEN NEME (VOOR 2 PERSONEN):
- 150 g couscous
- 100 g gepelde edamame
- 200 g kalkoenfilet
- 100 g groene aspergetips
- 1 citroen

EN ZO DOE JE HET:
Bereid de couscous volgens de verpakking. Bestrooi de kalkoenfilet met peper en zout. Verwarm een scheut olie in een koekenpan en bak de kalkoen in 12 minuten gaar, voeg de laatste 4 minuten ook de groene asperges toe. Breng in een pan wat water aan de kook en doe de edamame hierbij. Kook 4 minuten en schep dan uit de pan. Breng de couscous op smaak met peper, zout, olijfolie (liefst extra vierge) en het sap van een halve citroen. Roer de edamame en de aspergetips door de couscous. Schep de couscous in een schaal, snijd de kalkoenfilet in reepjes en leg deze boven op de couscous. Serveer met wat parten citroen.

Edamame zijn jonge sojabonen. Je kunt ze los, maar ook in de peul kopen. Deze peul is niet eetbaar. Misschien ken je ze wel van het sushirestaurant, daar serveren ze de boontjes vaak als side dish of voorafje met grof zeezout.

AUBERGINECURRY MET TOFU

Nina: 'Dit recept is écht supersimpel, en we vinden allebei dat deze curry een plekje in het boek verdient. Dit is namelijk zo'n klassieker die we vaak maakten toen we nog samenwoonden. Enne, zelfs mijn gadver-wat-is-dat-witte-spul-vriend smulde op deze manier van tofu.'

BEREIDINGSTIJD: 30 MINUTEN

MEN NEME (VOOR 2 PERSONEN):
- 150 g zilvervliesrijst
- 2 el gele currypasta
- 200 g tofu
- 1 aubergine
- 90 ml kokosmelk

EN ZO DOE JE HET:
- Kook de rijst volgens de verpakking.
- Knijp zachtjes in de tofu om overtollig vocht te verwijderen. Snijd vervolgens in blokjes.
- Doe de blokjes nog even in een vergiet met daarin een keukenpapiertje, zodat er nog wat vocht uit kan trekken.
- Snijd ondertussen ook de aubergine in blokjes.
- Verwarm een scheutje olie (liefst zonnebloemolie) in een koekenpan op middelhoog vuur, doe de currypasta erbij en bak 2 minuten.
- Voeg nu de tofu en aubergine toe en bak 1 minuut op hoog vuur.
- Doe de kokosmelk erbij samen met 50 ml water.
- Laat 5 minuten zachtjes pruttelen totdat de curry wat is ingedikt en serveer met de rijst.

tip

Vega? Vervang de varkenshaas door blokjes tofu.

TERIYAKI UDONNOEDELS MET VARKENSHAASSPIESJES

Elise: 'Mijn favo noedels zijn die dikke udonnoedels. Ik koop ze bij de Chinese supermarkt, wok ze met wat groenten en vlees en voilà, een heel healthy en smaakvol maaltje op tafel. Deze variant is met varkenshaas op een spies. Zó mals, dit moet je proberen!'

BEREIDINGSTIJD: 10 MINUTEN + 30 MINUTEN MARINADETIJD

MEN NEME (VOOR 2 PERSONEN):

- 150 g voorgekookte udonnoedels
- 200 g varkenshaas
- 1 paksoi
- 1 rode paprika
- 6 el teriyakisaus

EN ZO DOE JE HET:

- Snijd de varkenshaas in blokjes van 2 cm, doe ze in een kom en voeg 3 el teriyakisaus toe. Meng door elkaar en laat 30 minuten marineren.
- Week 4 satéprikkers in een kommetje water, dit voorkomt dat de stokjes aanbranden.
- Verwijder de zaadlijsten uit de paprika en snijd ook de paprika in blokjes van 2 cm.
- Rijg om en om een stukje varkenshaas en een stukje paprika op de prikkers.
- Verwarm een scheut olie in een koekenpan, leg de spiesjes erin en bak ze op hoog vuur om en om goudbruin. Zet dan het vuur lager en laat ze in zo'n 5 minuten verder gaar worden.
- Verwarm ondertussen een wok een paar minuten zonder olie op hoog vuur.
- Voeg een flinke scheut olie toe en laat weer goed warm worden.
- Voeg de overgebleven 3 el teriyakisaus toe, roer door de olie en voeg direct de noedels toe. Blijf je pan goed schudden, anders brandt het aan.
- Voeg na 3 minuten de paksoi toe, roerbak 1 minuut mee.
- Verdeel de noedels over 2 borden en leg de spiesjes hier op.

Polenta is een grof meel
gemaakt van maïs. Het komt
oorspronkelijk uit Italië.
Polenta is niet alleen lekker,
maar ook nog eens glutenvrij!

HOME MADE VISSTICKS IN EEN POLENTAJASJE

Nina: 'Toen ik dit had gekookt als proef voor het boek, zei Bart: "Wow, nu heb ik pas écht zin in jullie boek." Jep, op deze manier zijn de klassieke aardappeltjes met groente en vis echt een succesnummer.'

BEREIDINGSTIJD: 40 MINUTEN

MEN NEME (VOOR 2 PERSONEN):
- 2 schelvisfilets (of een andere stevige witvis)
- 125 g polenta
- 1 ei
- 350 g krieltjes in de schil
- 2 kropjes little gem sla

EN ZO DOE JE HET:
- Mocht je vis uit de diepvries gebruiken, laat deze dan eerst helemaal ontdooien.
- Schrob de aardappeltjes schoon en was ze goed. De grootste krieltjes halveer je.
- Breng een pan water met een snuf zout aan de kook en doe de aardappeltjes hierin. Kook 10 minuten.
- Zet 2 bakjes klaar. In één bakje doe je de polenta met een flinke snuf peper en zout, in het andere bakje meng je het ei samen met een scheutje olijfolie.
- Snijd de stukken vis ieder in drie reepjes van ongeveer 2 cm.
- Wentel de reepjes nu stuk voor stuk helemaal door het ei, daarna door de polenta, dan weer door het ei en vervolgens nogmaals door de polenta. Leg even opzij.
- Zodra de krieltjes zijn gekookt, giet je ze af en dep je ze droog. Verwarm nu in een koekenpan een flinke scheut olijfolie en voeg de aardappeltjes toe. Bak in 10 minuten op middelhoog vuur goudbruin.
- Verwarm in een andere koekenpan een scheut olijfolie en bak hierin de vissticks op middelhoog vuur aan beide kanten in ongeveer 10 minuten gaar.
- Terwijl je krieltjes en vissticks bakken, snijd je beide slakropjes in kwarten. Laat het onderkantje eraan zitten en bestrijk ze lichtjes met olijfolie.
- Zet nu een grillpan op hoog vuur, laat heel heet worden en bak de slakropjes aan beide snijvlakken 2 minuten zodat er grillstreepjes op komen.
- Doe de krieltjes op een bord en maak af met zout en een klein scheutje olijfolie (liefst extra vierge). Serveer met de vissticks en gegrilde little gem.

BORREL

We zijn dol op bitterballen bij onze bubbels,

maar er zijn ook heerlijke borrelhapjes die een stukje gezonder zijn. Wrapsushi of vega loempiaatje anyone? En laat die borrelhapjes nou net met 5 ingrediënten te maken zijn.

Probeer het ook eens
met mozzarella, tomaat
en pesto.

PIZZA PLUKBROOD

Nina: 'Er hoeft maar een druppel wijn geschonken te worden en ik krijg al zin in een plukbrood. Heerlijk om te maken, je mag 'm lekker ordinair volproppen. Daarnaast ben ik een sucker voor gezelligheid en dat is ideaal, want aan dit smakelijke brood mag je met z'n allen plukken.'

BEREIDINGSTIJD: 30 MINUTEN

MEN NEME (VOOR 1 BROOD):

- 1 rond brood
- 200 ml tomatensaus
- 100 g zwarte olijven
- 1 stukje belegen kaas van 200 g
- 1 bosuitje

EN ZO DOE JE HET:

- Verwarm de oven voor op 200 graden.
- Snijd de bovenkant van het brood eerst een aantal keren horizontaal in tot de bodem, maar niet door de bodem heen.
- Snijd vervolgens de bovenkant verticaal in tot de bodem. Je hebt nu vierkante stukjes brood die alleen nog aan de onderkant vastzitten.
- Verdeel de tomatensaus tussen alle groeven.
- Snijd de olijven in plakjes en de bosui in dunne ringetjes. Ook de olijven en bosui stop je tussen de groeven, maar houd een paar ringetjes bosui achter.
- Snijd de kaas in dunne plakjes met de kaasschaaf en verdeel ze over de inkepingen.
- Doe het volgepropte brood nu de oven in en bak ongeveer 10 minuten totdat de kaas is gesmolten.
- Haal uit de oven en strooi er nog wat verse ringetjes bosui over.

BORRELEN OP Z'N AZIATISCH

Elise: 'De Aziatische keuken is mijn favoriet. Udonnoedels, sushi... ik word er dolgelukkig van. Zelfs borrelen doe ik het liefst op z'n Aziatisch. En lucky me, ook Marcel is mega happy als ik 'm na een lange werkweek verras met deze vier toppers op tafel.'

VEGA LOEMPIAATJES
RUNDVLEESSASHIMI

Wrapsushi

- 1 avocado
- 4 meergranenwraps
- 150 g gerookte zalm
- 4 el sesamzaad
- 4 el Japanse mayonaise

Schil de avocado, verwijder de pit en snijd hem in parten. Bedek het midden van een meergranenwrap met een strook gerookte zalm. Leg hierop partjes avocado en verdeel er 1 el Japanse mayonaise over. Bestrooi met 1 el sesamzaad en rol de wrap op. Snijd in 8 stukjes en zet ze met de kant van de vulling naar boven op een bord. Doe hetzelfde met de andere 3 wraps.

Japanse pannenkoekjes

- 1 zoete aardappel
- 50 g sperziebonen
- 2 bosuitjes
- 2 eieren
- 50 g bloem

Schil de zoete aardappel en rasp hem tot sliertjes. Snijd de sperziebonen in stukjes en de bosuitjes in kleine ringen. Splits de eieren en doe het eigeel met de bloem in een kom. Doe er 3 el water bij en meng tot een glad beslag. Klop de eiwitten stijf. Vouw deze door het bloemmengsel. Roer hier de bosui, zoete aardappel, sperziebonen, peper en zout door. Verhit een klein scheutje olie in een koekenpan op laag vuur. Schep een lepel van het mengsel in de pan en smeer voorzichtig uit. Er gaan 3 tot 4 pannenkoekjes per keer in de pan. Na 5 minuten keer je de pannenkoekjes om en bak je de andere kant ook 5 minuten. Herhaal dit tot het beslag op is.

Vega loempiaatjes

- 50 g wortel
- 50 g prei
- 1 ei
- 50 g taugé
- 10 gyozavelletjes

Snijd de wortel en de prei fijn. Roer het ei met peper en zout in een kom los. Verwarm een scheutje olie in een koekenpan, voeg het ei toe en laat over de bodem uitlopen. Bak in 2 minuten tot een goudbruine omelet. Haal de omelet uit de pan en snijd deze in kleine stukjes. Verwarm weer een scheutje olie in de koekenpan en bak de prei en wortel in 3 minuten beetgaar. Doe in een kom en voeg de taugé en het ei toe. Roer door elkaar en breng op smaak met peper en zout. Leg de gyozavelletjes naast elkaar en schep per vel een kleine eetlepel van het mengsel op de onderste helft. Vouw vervolgens de zijkanten naar binnen en rol de bovenste kant van het velletje over het mengsel, zodat er een klein loempiaatje ontstaat. Herhaal voor alle vellen. Verwarm een klein laagje olie (liefst zonnebloemolie) in een koekenpan en bak de loempia's in 4 minuten goudbruin.

Rundvleessashimi

- 150 g ossenhaas
- 1 el sesamzaad
- 1 schaaltje sojasaus
- 1 schaaltje wasabi

Haal de ossenhaas 30 minuten voordat je aan de slag wilt uit de koelkast. Bestrooi beide kanten met peper en zout. Verwarm een koekenpan totdat deze rookt van de warmte. Doe 2 el olie in de pan en laat goed warm worden. Doe het vlees in de pan en schroei aan beide zijden ongeveer 15 seconden dicht. Haal de ossenhaas uit de pan en doe in een schaaltje met ijswater. Dep droog, doe het in plasticfolie en leg 30 minuten in de vriezer. Snijd dan het vlees met de draad mee in plakjes van 1 cm dik. Bestrooi de rundvleessashimi met sesamzaad en serveer het met sojasaus en wasabi.

tip

Lekker met home made tzatziki. Bekijk op onze site het filmpje hoe je het maakt.

ARABISCHE FILODEEGHOEKJES

Elise: 'Ow, I love filodeeg. Als dit een ingrediënt is van welke hap dan ook, is het al snel goed bij mij. Als je het deeg vult met munt, feta en pistache weet je echt niet wat je proeft. Hemels!'

BEREIDINGSTIJD: 25 MINUTEN

MEN NEME (VOOR 9 HAPJES):
- 150 g feta
- 125 g gezouten pistachenootjes
- 2 handen verse munt
- 1 hand verse bladpeterselie
- 3 vierkante vellen filodeeg

EN ZO DOE JE HET:
- Pel de pistachenootjes en brokkel de feta in kleine stukjes.
- Doe de kaas, nootjes, munt en peterselie samen met een flinke snuf peper en een scheut olijfolie (liefst extra vierge) in een keukenmachine en mix tot een grove substantie.
- Snijd de vellen filodeeg in repen van 8 cm breed.
- Schep in het hoekje van iedere reep een eetlepel van het fetamengsel en vouw op tot een driehoekje. Druk de randjes goed dicht, eventueel met behulp van wat water.
- Herhaal dit tot alle vulling op is.
- Verwarm een laagje olie in een koekenpan en laat goed warm worden.
- Bak nu de driehoekjes goudbruin, ze hebben nog geen minuut per kant nodig.

MINIQUICHES CAPRESE

Nina: 'Eén van de bekendste combi's in foodland: tomaat, basilicum en mozzarella. Verwerk dat lekkere drietal in minitaartjes en je hebt een schattig en verrukkelijk borrelhapje.'

BEREIDINGSTIJD: 35 MINUTEN

MEN NEME (VOOR 12 MINIQUICHES):

- 12 plakjes deeg voor hartige taart
- 5 eieren
- 1 bol mozzarella
- 1 hand verse basilicum
- 12 cherrytomaatjes

EN ZO DOE JE HET:

- Verwarm de oven voor op 190 graden.
- Zodra de plakjes deeg ontdooid zijn, snijd je ze in cirkels door op ieder plakje een kommetje van zo'n 10 cm doorsnede te zetten en langs de omtrek te gaan met een mesje.
- Roer de eieren los met flink wat peper en zout.
- Scheur de mozzarella en de basilicum in kleine stukjes en schep door het eiermengsel.
- Vet een muffinblik met 12 holtes licht in met wat olie en duw in iedere holte een rond deegvelletje. Randjes die er bovenuit komen duw je een beetje naar binnen.
- Vul de holtes tot de helft met het eiermengsel en doe in ieder bakje een cherrytomaatje.
- Bak 20 minuten tot de quiches goudbruin zijn.

3X SKINNY SNACKS

Elise & Nina: 'Aangezien we gek zijn op snacken, is het wel zo fijn om te weten dat dit ook healthy kan.'

GROENTECHIPS

Verwarm de oven voor op 160 graden. Snijd 1 geschilde rode biet, 1 geschilde winterpeen, 1 zoete aardappel, 1 gewone aardappel en 1 pastinaak in hele dunne plakjes. Leg de zoete aardappel en gewone aardappel op een met bakpapier beklede ovenplaat en bestrooi met zeezout. Bak 10 minuten, voeg dan de winterpeen, biet en pastinaak toe en bestrooi weer met wat zout. Bak weer 10 minuten, schep om en bak nogmaals 10 minuten, totdat de chips droog en knapperig zijn. Even laten afkoelen en smullen maar!

CHILI-POPCORN

Verhit een klein scheutje olie in een koekenpan en voeg 1 kopje maïskorrels toe. Poffen maar! Houd je een deksel in de buurt? Doe in een schaal en voeg 1 el chilipoeder en een flinke snuf zout toe. Schud goed door.

FILO-KAASWAFELS

Verwarm de oven voor op 220 graden. Snijd 3 vierkante vellen filodeeg in repen van ongeveer 3 cm breed en leg op een met bakpapier beklede ovenplaat. Klop 1 ei los en bestrijk de repen ermee. Verdeel 50 g geraspte belegen kaas, 1 el sesamzaad en een snuf zout over het filodeeg. Bak 10 min totdat de kaas gesmolten is.

SINNER SUNDAY

Tuurlijk, we eten voornamelijk gezond. Maar op zondag smokkelen we een beetje. Dan hebben we een zoete boost nodig, zodat we de rest van de week weer op volle kracht healthy kunnen doen. Met maar vijf ingrediënten maak je een goddelijke Snickers-taart of smeuïge carrot cupcakes...

Die verleiding kun je toch niet weerstaan?

Tuurlijk, deze
taart is heerlijk
met Snickers.
Maar misschien
houd je wel
meer van Mars?
Of Bounty? Het
is maar een
ideetje, hoor...

SNICKERS-TAART

Nina: 'Als Elise op zoet trakteert, komt ze vaak met een Snickers-taart tevoorschijn. En als je deze taart hebt gemaakt, begrijp je waarom. Ik ben haar eeuwig dankbaar!'

BEREIDINGSTIJD: 90 MINUTEN

MEN NEME (VOOR 1 TAART VOOR 6 PERSONEN):

- 1 zak Snickers mini
- 225 g witte suiker
- 4 eieren
- 200 g roomboter + 30 g voor de topping
- 250 g zelfrijzend bakmeel

EN ZO DOE JE HET:

- Zet een ingevette springvorm van 20 cm doorsnede klaar en verwarm de oven voor op 160 graden.
- Kluts de eieren en meng ze door de suiker. Roer er met een garde een saus van.
- Smelt 200 g roomboter in een steelpannetje op het vuur en giet bij het eier-suikermengsel. Meng weer goed.
- Zeef het meel en een snufje zout boven het mengsel en schep voorzichtig met een spatel door elkaar. Doe rustig aan, anders gaat er teveel lucht uit het mengsel en krijg je een taaie taart.
- Snijd de helft van de Snickers in steeds 6 kleine stukjes.
- Schep voorzichtig de Snickers-stukjes door het beslag.
- Schenk het beslag in de springvorm en zet in de oven.
- Bak de taart in ongeveer 65 minuten gaar. Kijk na 55 minuten even hoe het ervoor staat. Je taart kan uit de oven als je er een satéprikker insteekt en deze er droog weer uit komt.
- Haal je taart uit de oven en laat afkoelen in de springvorm op een rooster.
- Zet een kleine pan met kokend water op middelhoog vuur en plaats hierop een schaaltje.
- Halveer de overige Snickers en doe ze in dit schaaltje samen met de overgebleven 30 g roomboter.
- De Snickers smelten nu door de stoom van het water, au bain-marie heet dit. Roer af en toe door, net zolang totdat je een bruine saus hebt waarin pinda's drijven.
- Haal de taart uit de springvorm en besmeer 'm met deze Snickers-topping.

CANTUCCINI

Elise: 'Confession: ik ben niet zo'n koekjeseter. Met een chocolate cookie maak je me nog wel blij, maar daar houdt het wel zo'n beetje mee op. Al is er één grote uitzondering: cantuccini. Dit Italiaanse amandelkoekje is heerlijk, vooral als je 'm even in de koffie doopt. En ze zijn natuurlijk nog lekkerder als je ze zelf hebt gemaakt.'

BEREIDINGSTIJD: 40 MINUTEN

MEN NEME (VOOR 20 KOEKJES):

- 2 eieren
- 200 g zelfrijzend bakmeel (+ 2 el extra voor bestuiven)
- 160 g suiker (+ 2 el extra voor de topping)
- 1 citroen
- 100 g ongezouten amandelen

EN ZO DOE JE HET:

- Verwarm de oven voor op 180 graden.
- Splits 1 ei en bewaar de eidooier. Klopt het eiwit los met het andere ei in een kom.
- Zeef het meel boven de kom en meng door met 1 mespunt zout en de suiker.
- Was de citroen, rasp de gele schil en voeg toe aan het mengsel.
- Hak de amandelen in grove stukken door ze in een theedoek te wikkelen en er met een pan een paar keer hard op te slaan.
- Voeg nu de amandelen toe en kneed tot een soepel deeg.
- Bestuif je aanrecht en je handen licht met meel.
- Vorm van het deeg 2 lange repen van 5 centimeter breed.
- Leg deze op een met bakpapier bekleed rooster met voldoende tussenruimte, ze worden namelijk breder tijdens het bakken.
- Klop de overgebleven eidooier los en bestrijk het deeg ermee.
- Bak de deegrepen in 20 minuten goudbruin.
- Neem de deegrepen na 20 minuten uit de oven en snijd de nog warme koek in plakjes van 1,5 cm dik.
- Leg de koekjes op hun kant weer terug op het rooster en bestrooi ze met wat suiker.
- Bak ze nu nog 8 minuten en laat helemaal afkoelen voordat je ze serveert.

Ook lekker om in de
warme chocolademelk
te dopen.

tip

Zien hoe je dit ijs precies maakt? Op Chickslovefood.com vind je een how to-filmpje.

ROMIG ANANASIJS

Nina & Elise: 'Dit is een smokkel-Sinner, want eigenlijk is-ie niet écht sinnerig. Dit romige ananasijs smaakt heerlijk zondig, maar is stiekem supergezond. Win-win!'

BEREIDINGSTIJD: 15 MINUTEN (+ 7 UUR WACHTTIJD)

MEN NEME (VOOR 2 PERSONEN):

- 1 ananas
- 80 ml amandelmelk
- 1 el honing
- 1 hand aalbessen
- 1 takje verse munt

ZO DOE JE HET:

- Maak je ananas schoon, snijd in stukken en leg ze in de vriezer.
- Wacht minimaal 7 uur en doe de bevroren stukken dan in een keukenmachine.
- Voeg de melk en honing toe en mixen maar! Dit duurt even, maar je zult zien dat de korrelige substantie na enkele minuten een heerlijk, romig sorbetijs wordt.
- Serveer met bessen en munt.

oja...

Wortels in zondige cakejes? Ja! Deze gezonde groente wordt lekker zoetig als-ie warm is. Zo heb je niet alleen een heerlijke traktatie, je krijgt tijdens het snoepen ook nog eens vitamine A en bèta-caroteen binnen. Deze stofjes doen wonderen voor onder meer je ogen en je huid.

CARROT CUPCAKES

Nina: 'Ja, deze mega-lekkere cupcakes bevatten écht maar 5 ingrediënten! Zonnebloemolie (die telt niet mee bij de 5) maakt de cakejes heerlijk smeuïg. Toef slagroom erop en klaar ben je. Mmmm.'

BEREIDINGSTIJD: 1,5 UUR

MEN NEME (VOOR 6 CUPCAKES):

- 1 ei
- 110 g suiker (+ 2 el extra voor de slagroom)
- 100 g zelfrijzend bakmeel
- 110 g wortels
- 250 ml ongeklopte slagroom

EN ZO DOE JE HET:

- Verwarm de oven voor op 170 graden.
- Klop het ei in een kom los met de suiker totdat je een glad mengsel hebt.
- Voeg nu 50 ml zonnebloemolie toe en roer weer door.
- Rasp de wortels totdat je 90 g rasp hebt. Voeg toe aan het ei-suiker-oliemengsel, maar houd 1 el apart voor de garnering. Roer weer goed door.
- Zeef het zelfrijzend bakmeel samen met een snufje zout boven de kom.
- Pak een spatel en schep voorzichtig een paar keer door totdat je het grootste deel van het meel door de substantie 'gevouwen' hebt. Ga niet als een gek roeren, het mengsel moet lekker luchtig blijven.
- Vul een cupcakevorm met 6 papieren cupjes en verdeel het mengsel over de cupjes.
- Bak de carrot cupcakes in 30 minuten goudbruin (ze zijn gaar als een satéprikker er schoon uitkomt) en laat ze op een rooster helemaal afkoelen.
- Klop de slagroom met 2 el suiker en maak de cupcakes af met een toef slagroom en wat wortelrasp.

3 X EASY TOETJE

CHOCOLATE CHIP MOUSSE

VLAFLIP
APPELCRUMBLE
MET IJS

Elise: 'Een echt diner is niet af zonder lekker toetje, toch? Laat het dessert nou ook een van m'n favo gangen zijn. Deze drie toppers staan in een mum van tijd op tafel. Smullen!'

Chocolate chip mousse

MEN NEME (VOOR 2 PERSONEN):

- 250 g pure chocolade
- 2 eieren
- 150 ml ongeklopte slagroom
- 1 el suiker

EN ZO DOE JE HET:

- Smelt 200 g chocolade in de magnetron of au bain-marie, door de chocolade in een kom boven een pannetje kokend water te smelten.
- Scheid de eieren. Met de eidooiers hoef je niets te doen.
- Klop in een schone kom de eiwitten stijf met een snufje zout.
- Klop in een andere kom de slagroom op met 1 el suiker.
- Spatel voorzichtig de eiwitten door de slagroom.
- Meng hier de gesmolten chocolade door.
- Hak de overgebleven 50 g chocolade in stukjes en roer dit ten slotte door de chocolademousse.
- Zet dit mengsel in de koelkast en laat 1 uur opstijven.

Vlaflip

MEN NEME (VOOR 2 PERSONEN):

- 5 volkoren biscuitjes
- 200 ml Griekse yoghurt
- 1 half zakje vanillesuiker
- 15 verse aardbeien
- 200 ml vanillevla

EN ZO DOE JE HET:

- Wikkel de biscuitjes in een theedoek en sla er een aantal keer hard mee op je aanrecht. Zo worden de koekjes vanzelf kruimels.
- Verdeel de koekkruimels over 2 glazen.
- Meng de Griekse yoghurt met de vanillesuiker en verdeel over de koekkruimels.
- Snijd driekwart van de aardbeien in kleine stukjes en verdeel over de Griekse yoghurt.
- Doe de vanillevla over de aardbeien.
- Halveer de overgebleven aardbeien en maak de vlaflipjes hiermee af.

Appelcrumble met ijs

MEN NEME (VOOR 2 PERSONEN):

- 50 g bloem
- 40 g roomboter
- 50 g suiker
- 2 zure appels
- 2 bolletjes vanille-ijs

EN ZO DOE JE HET:

- Verwarm de oven voor op 190 graden.
- Schil de appels en snijd ze in kleine stukjes.
- Doe de bloem, suiker en boter samen met een snuf zout in een kom, meng kort met je handen door elkaar en maak er kruimels van.
- Leg de stukjes appel op de bodem van een kleine ovenschaal.
- Strooi hierover de deegkruimels.
- Bak de appelcrumble in 20 minuten krokant.
- Verdeel over 2 bordjes en serveer met een bolletje vanille-ijs.

PINDAROTSJES

Nina & Elise: 'Dit is echt het àllermakkelijkste home made koekje dat er bestaat. Ideaal om even gauw in elkaar te flansen bij een last minute bezoekaankondiging. En zó lekker, mmm... daar kunnen de pindarotsjes in de winkel niet tegenop, hoor.'

BEREIDINGSTIJD: 20 MINUTEN (+ 1 UUR WACHTTIJD)

MEN NEME (VOOR ONGEVEER 12 PINDAROTSJES):
- 200 g pure chocolade
- 150 g ongezouten pinda's

EN ZO DOE JE HET:
Breek de chocolade in stukken en doe ze in een kom. Smelt de chocolade au bain-marie door de kom boven een pannetje kokend water te houden. Halveer ondertussen de pinda's. Zodra de chocolade is gesmolten, haal je de kom van de steelpan en roer je de pinda's door de chocolade. Zet de kom 10 minuten in de koelkast om de chocolade iets op te laten stijven. Ondertussen bekleed je een groot bord met bakpapier. Maak toefjes van het chocolade-pindamengsel op het bord en zet deze in de koelkast. Na een uur zijn de rotsjes hard en ready to eat.

TARTE TATIN MET PERZIK

Nina: 'Weet je, ik ben eigenlijk niet zo'n bakker. Meer een koker. Maar iedere keer als ik dan toch eens iets gemaakt heb voor bij de thee of als toetje denk ik: waarom doe ik dit niet vaker? Helemaal nu ik ontdekt heb dat je echt heerlijke zoetigheden met maar 4 (!) ingrediënten kunt maken.'

BEREIDINGSTIJD: 55 MINUTEN

MEN NEME (VOOR 1 TARTE TATIN VOOR ONGEVEER 8 PERSONEN):

- 2 blikken perziken (820 g per stuk)
- 80 g suiker
- 30 g roomboter
- 5 velletjes bladerdeeg uit de diepvries

EN ZO DOE JE HET:

- Zet een koekenpan klaar die in de oven mag (dus zonder kunststof handvat). Heb je die niet? Zet dan een antilekspringvorm van 24 cm doorsnede klaar.
- Verwarm de oven voor op 180 graden.
- Haal het bladerdeeg uit de diepvries en laat ontdooien.
- Haal de perziken uit blik en snijd deze helften weer in tweeën.
- Spoel de perzikpartjes af onder de kraan, laat goed uitlekken en dep droog met keukenpapier.
- Prik met een vork wat gaatjes in het bladerdeeg.
- Smelt de suiker in de koekenpan op middelhoog vuur totdat je bruine karamel hebt. Dit duurt ongeveer 7 minuten. Let op: gesmolten suiker is echt heel erg heet, raak het niet aan!
- Voeg nu de boter en een flinke snuf zout toe.
- Zodra de boter gesmolten is voeg je ook de perziken toe.
- Roer goed door en leg nu de plakjes bladerdeeg over de perziken, zodat ze allemaal goed bedekt zijn. De randjes druk je een beetje naar binnen. Gebruik je een antilekspringvorm? Stort de perziken in de bakvorm, verdeel over de bodem en bedek met bladerdeeg.
- Je koekenpan of springvorm kan nu de oven in. Zet op een rooster en bak ongeveer 40 minuten. Check na een half uurtje even of het niet te hard gaat, je tarte tatin is klaar als het bladerdeeg goudbruin is.
- Nu komt de truc: haal uit de oven, laat een kwartier afkoelen en draai de taart om. Nu heb je de gekarameliseerde perziken bovenop zitten. Yum!

Jep, maar 4
ingrediënten.
Maar wat dacht
je van nummer
5: slagroom?
Of ijs?

Hiermee ga jij indruk maken op je visite!

WITTE CHOCO-KOKOSBONBONS

Elise: 'Vaak wordt gevraagd waar Nina en ik de inspiratie voor recepten vandaan halen. Dat is echt uit van alles. Maar mijn grootste inspiratiebron is mijn moeder. Al van kleins af aan liet ze me van alles doen in de keuken. Vooral zoete dingen vond ik geweldig om te maken. En eigenlijk nog steeds, zoals deze home made bonbons.'

BEREIDINGSTIJD: 25 MINUTEN (+ 1 UUR WACHTTIJD)

MEN NEME (VOOR 12 BONBONS):

- 200 g witte chocolade
- 75 g geraspte kokos
- 12 hazelnoten
- 60 g boter
- 5 pennywafels

EN ZO DOE JE HET:

- Maal de pennywafels samen met de boter fijn in een keukenmachine.
- Doe dit mengsel samen met 3 el kokosrasp in een kom en kneed met je handen tot een bal.
- Maak vervolgens van de grote bal 12 kleine balletjes.
- Druk in elk balletje een hazelnoot en rol het balletje weer rond zodat de hele hazelnoot bedekt is.
- Leg de balletjes op een bord en laat ze 15 minuten in de koelkast opstijven.
- Smelt de witte chocolade au bain-marie, door de chocolade in stukken te breken en in een kom boven een pannetje kokend water te doen.
- Zet het schaaltje gesmolten witte chocolade naast een schaaltje met de overige kokosrasp.
- Prik een balletje op een satéprikker, haal door de witte chocolade en daarna door de kokos. Druk aan met je handen.
- Leg op een met bakpapier bekleed bord.
- Herhaal dit met de overige balletjes.
- Laat de balletjes in de koelkast afkoelen, na een klein uur kun je smullen van je home made bonbons!

Dankwoord

Elise: 'Nien, wie wil jij bedanken?'
Nina: 'Jou!'
Elise: 'Haha, ik jou ook!'
Nina: 'Nee serieus, ik zou dit zonder jou niet hebben gekund.'
Elise: 'Hou maar op, me neither.'

Willemijn, wat ben jij lief, geduldig, overzichtelijk en professioneel. Onze rots in de branding. Hoe vaak heb je ons willen begraven in een enorme berg zoete aardappelstamppot? Eerlijk zeggen. Harold, dank voor de mooie foto's, wijze lessen en hilarische shootdagen. Heb je die massagestoel nu al? Sophi, je hebt ons boek, onze droom, een gezicht gegeven. Charley, topper, jij bent unstoppable! Onze stagiaires, bedankt voor al jullie hulp.

Lieve vrienden en vriendinnen, wat een rotsvast geloof hebben jullie in ons. Zó enthousiast en zulke goede ambassadeurs. Dankzij jullie weten we in ieder geval zeker dat een paar mensen dit boek zullen kopen, haha. In het bijzonder: smurfen, Lob, Eef, Lies, Rox, Dionne en Wendy v. E., Lisette, Esther, Wendy A., Martine en Mark, Patrick en Jamie: thanks!

Familie, wat moet je zonder ze! Dank voor jullie steun. Thomas en Philip, het is zó leuk om als meisje twee van die geweldige, trotse broers te hebben. Brenda, opeens kun je koken dankzij de 5 or less-recepten, je bent onze grootste fan! En Martine, als kleine zus wil je niets liever dan dat je grote zus trots op je is. Jij bent nog meer dan dat.

Vaders en moeders, onmisbaar. Ans en Kees, de beste adviezen, de mooiste kringloopvondsten voor de shoots en soms de nodige portie bezorgdheid. Er zijn maar weinig mensen oprecht zo lief. Jaap en Kitty, oppassen, klussen en de keuken afstaan voor de fotoshoot. Een steun en toeverlaat uit duizenden. Zonder jullie was dit prachtige boek er niet geweest.

Nina: 'Bart, ons CLF-avontuur heb je vanaf de eerste dag serieus genomen. Waar je ook zit; dagelijks bel je om te checken hoe het met 'mijn' zaak gaat. En thuis, als ik weer in die eeuwige hoek van de bank onder dat witte dekentje zit te tikken, breng jij me naast liters thee en voetmassages oneindig veel positiviteit. Love you x'

Elise: 'Mars, tientallen mislukte try-out gerechten, die eeuwige laptop in het weekend, jouw steevaste reactie was: 'Goed bezig, schat'. Je bent mijn grootste fan. Laf joe, mooiste vader van Nederland. En Samuel, van jou krijgt mama elke dag weer energie om dromen waar te maken, al is door jouw komst mijn grootste droom al een feit.'

INDEX